나는 회사만 다니다
인생 좆쳤다

移動する人はうまくいく

IDOSURU HITOHA UMAKUIKU by Kenta Nagakura
Copyright © Kenta Nagakura 2024
All rights reserved.
Original Japanese edition published by Subarusya Corporation, Tokyo

This Korean edition is published by arrangement with Subarusya Corporation, Tokyo in care of Tuttle-Mori Agency, Inc., Tokyo through TONY INTERNATIONAL, Seoul

이 책은 TUTTLE-MORI AGENCY, INC.와 토니인터내셔널을 통한 권리자와의 독점계약으로 한국어판 저작권은 Sodam & Tae-il Publishing House에 있습니다. 저작권법에 의해 한국 내에서 보호를 받는 저작물이므로 무단전재와 무단복제를 금합니다.

떠났을 뿐인데 수입 30배를 달성한 비결

나는 회사만 다니다 인생 좀 쳤다

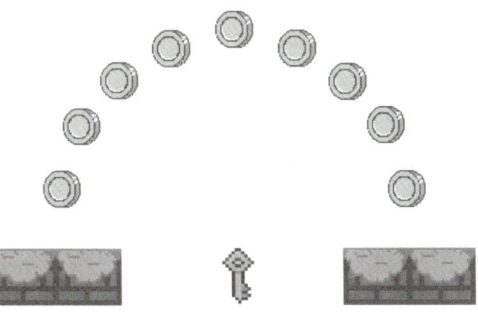

이렇게 고민하는 이들은 이 책을 읽어 보세요.

- 생각만 하고 움직이지는 않는다.

- 일을 바로 처리하는 게 귀찮다.

- 항상 작심삼일로 끝난다.

- 일이 재미없고 잘되지도 않는다.

- 돈 걱정 없는 생활을 하고 싶다.

- 인간관계 스트레스에서 벗어나고 싶다.

- 나만의 시간을 갖고 싶다.

- 운 좋은 사람이 되고 싶다.

- 자유로워지고 싶다.

- 매일매일 충실하게 살고 싶다.

■ 일러두기
본문의 각주는 모두 옮긴이주, 편집자주입니다.

시작하면서

여러 사람을 적으로 돌릴지도 모르는 책

이 책을 선택한 독자 여러분께 감사를 표한다. 이 책은 내가 집필한 11권의 책 중 가장 심한 비판을 받을지도 모른다. 왜냐하면 지금까지 나온 비즈니스 서적이나 정신 관련 책을 완전히 부정하기 때문이다. 그럼에도 내가 이 책을 쓴 이유는 많은 사람이,

 인생을 바꾸고 싶다.
 좋은 인간관계를 구축하고 싶다.
 돈을 더 많이 벌고 싶다.
 자유롭게 살고 싶다.
 사랑하는 사람과 더 많은 시간을 보내고 싶다.

라고 생각하면서도 매일 똑같은 생활만 반복하고 있기 때문이다.

과거 나는 출판사에서 일하며 1,100만 부 이상의 도서를 편집해 판매했으며, 1,000권 이상의 책을 읽고 연구했다. 또한 책에 적힌 내용을 내 삶에 적용해 직접 실천해 봤다. 그 인체 실험의 결과가 바로 이 책으로, 수많은 책 속에서 '도움이 될 만한 것'들만 뽑아냈다고 보면 된다.

이 책에서는 누구나 활용할 수 있는 방법들만 소개하고 있다. 이를 실천하고 하와이와 캘리포니아로 이주한 후 내 수입은 30배나 뛰었다.

환경을 바꾸기만 하면 된다

최근 3년간 매일 100명 이상의 사람들과 대화했다. 그때마다 '아깝다'라는 생각만 들었다. 모두가 더 자유롭게 마음껏 살 수 있다. 그런데도 세상에는 자기 자신에게 제한을 두는 사람들뿐이다.

그럼 왜 당신은 인생을 바꿀 수 없는 것일까?

의지만으로 인생을 바꾸려 하기 때문이다.

'오늘부터 일찍 일어나야지'라고 결심해도 대부분 그 뜻이 금방 꺾이지 않던가. '실천하는 사람은 100명 중 10명, 지속하는 사람은 10명 중 1명이다'라고 하는데 그게 현실이다.

즉, 자신의 행동을 관리하지 못하는 것이다. 사실 어지간히 의지가 강한 사람이 아니면 행동을 관리하기란 어렵다. 그럼 어떻게 해야 행동을 바꿀 수 있을까?

환경 바꾸기

만 해도 충분하다. 그 이유는 간단하다. 우리는,

환경 → 감정 → 행동

의 순서로 움직이기 때문이다.

대체로 책이나 사람은 감정(동기)만으로 행동을 바꾸는 방식만 제안하니 오래가지 못하는 것이다. 의욕이 충만한 처음에는 행동을 바꿀 수도 있지만, 환경의 힘으로 인해 점점 원래 상태로 되돌아가고 만다. 그러니 행동을 바꾸기 위해서는 우선 환경부터 바꿔야 한다.

지배자로부터의 해방

적극적으로 환경을 바꾸기 위해서는 이동해야 한다. 이동에 의해 당신은 이동력을 얻게 된다.

이동력이란,

환경을 바꾸는 힘

을 뜻한다. 이 책을 읽음으로써 당신은 이동력을 익히고 환경을 얼마든지 바꿀 수 있게 된다. 그 결과, 행동도 달라진다.

왜 그런 간단한 사실이 알려지지 않았을까? 지배자들에게 불리하기 때문이다.

피지배자가 이동하지 않고 안주하면 지배하기 쉬워진다. 호적이나 주민등록 등에는 반드시 주소가 적혀 있다. 자유롭게 이동하게 되면 지배자는 세금 걷기도 힘들다. 마찬가지로 자본가도 노동자가 이동하길 바라지 않는다. 경영자도 직원의 이동을 원치 않는다.

과거의 반복에서의 탈출

제1장에서 자세히 설명하겠지만, '정착은 불행의 시작'임에도 불구하고 우리는 정착이야말로 올바르다고 배워 왔다. 그러한 개념이 잘못된 것임은 상당 부분 증명되었다. 지금이야말로 그 세뇌에서 벗어나야 한다. 그 비판을 각오하고 쓴 것이 바로 이 책이다.

만약 당신이 이동력을 갖추지 못한다면, 앞으로도 과거와 같은 나날을 반복하게 될 뿐이다. 그렇게 살고 싶은가? 당신에게는 무한한 가능성이 잠들어 있다. 그 가능성을 발휘하지 않고 썩히는 것은 너무나도 아깝다.

당신이 행동함으로써 도움받는 사람도 있을 것이다. 만약 당신이 진심으로 나서면 분명 주변에 좋은 영향을 주게 될 것이다.

우리는 환경의 생물이다. 당신이 행동하여 주변에 좋은 영향을 준다면 주변 사람도 달라진다.

이 책을 읽고 나면 당신은 분명 가만히 있을 수 없게 될지도 모른다. 그리고 본능적으로 이동의 중요성을 깨달으며 눈에 보이는 세계가 달라지리라.

당신은 인생을 더 즐겨도 된다!
그럼 제1장을 읽어 보도록 하자!

나가쿠라 겐타

구 성

제1장
정착이 인류에게 불행의 시작임을 설명한다.
이동의 의의를 이해할 수 있다.

제2장
모든 게 편리해진 현대의 이동에 대해 설명한다.
이동이 간단해진 이유를 알면
당장이라도 이동하고 싶어질 것이다.

제3장
'사는 장소'를 주제로 이야기한다.
거주 방식이 다양해졌음에도 사람들 대부분은
기존 방법에 사로잡혀 지낸다.

이 책은 당신이 이동력을 익히고, 행동을 바꾸어
인생을 변화시킬 수 있도록 도움을 준다.

제4장

'노동'을 주제로 이야기한다.
어떠한 형태로든 수입이 필요하지만,
어떤 라이프 스타일을 선택하느냐에 따라
선택지는 얼마든지 있다.
당신의 가능성이 무한하다는 것을 이해한다.

제5장

'커뮤니티'에 대해 이야기한다. 결국 인생=인간관계다.
인간관계를 바꿔야만 극적으로 인생이 달라질 수 있다.

제6장

'이동 체질'이 되기 위한 액션 플랜을 제안하니,
꼭 실천해 보자.

목차

시작하면서 … 6

제1장　왜 이동하는 사람은 잘되는가?　… 22

일, 인간관계, 돈, 시간 고민을 모두 해결!

오늘도 짜증 나는 일만 가득한 세상

무엇이 비극을 일으키는가?

모든 악의 근원은 이것이었다!

'정착'이 낳은 무수한 불행

'한 자리에 머물기'로 인해 능력은 퇴화한다!

서바이벌 능력을 각성시키는 '불안정감'

이동함으로써 '재능' '능력'이 개화한다

열심히 '이동'해서 저금한 돈 한 푼 없는 밑바닥 인생을 극복하다

왜 이동할수록 수입이 늘어날까?

인생을 호전시키려면 이동이 지름길!

이동함으로써 인생이 격변한 한 청년의 이야기

같은 환경에 계속 있으면 몸도 마음도 병든다

우리가 행동하지 못하는 근본적 이유

이동으로 내 인생을 되찾자

제2장 이동 중에는 왜 인풋과 아웃풋이 활발해지는가?   ... 48

무엇을 어떻게 배워야 효과적일까?

'이용당하는 사람'이 되지 말자

초봉 2천만 엔의 세계

오늘날의 이동은 매우 간단해졌다!

차량 공유 서비스의 앞날은?

'세계 최강의 여권'을 철저히 활용하자

젊은 시절에 어디에서든 살아갈 힘을 기르는 것의 장점

'시간이 없다'는 말은 변명밖에 안 된다

원격 근무, 긱 워크의 매력

이동 중 해야 할 두 가지

해상도 높은 지도를 입수하기 위한 인풋

베스트셀러를 읽지 말라! 그럼 무엇을 읽어야 하나?

집중력이 없어도 책을 마지막까지 읽는 방법

음악을 듣고 추상적 사고를 하게 되는 비결

영화는 모든 것이 담긴 '최고의 교재'이다

이동 중의 아웃풋이 인생을 변화시킨다

제3장　왜 이동하면 행동력이 오르는가?　… 76

사람이 자연히 '움직일' 때의 순서

사람이 행동할 때의 순서

당신의 선택지를 빼앗고 꼼짝도 못 하게 하는 것

'이동'을 최우선으로!

캐릭터에 따라 능력이 달라진다

어린 시절에 '이동'에 대한 공포를 느끼면 어른이 됐을 때

귀찮음을 극복하고 15년 동안 꾸준히 이동한 요령

홈리스 억만장자의 삶

지방 이주의 장점은?

영어만 할 줄 알아도 압도적인 대우를 받는다

어디에서든 일할 수 있는 혜택을 누리자

제4장 왜 이동하는 사람은 일거리도, 돈벌이도 늘어나는가? … 102

세 가지 선택지를 자유로이 고르는 사람이 되자!

퇴사야말로 인생 최고의 전략

회사원에게 주어지지 않는 세 가지 선택지

'일한 만큼 임금을 받지 못하는' 구조 속에서는 노력하지 말자

기술이 없어도 돈을 벌 수 있는 사업은?

'무엇을 할까?'에 초점을 맞추면 실패한다

내가 콘텐츠 비즈니스를 권하는 이유

70대라도 수익을 낼 수 있는 콘텐츠 비즈니스

일본인은 영어를 못해서 영원한 버블 상태

교육 사업의 단점은 제로

전자책은 자산이 된다

세계적으로 '이동하면서 일하는 사람'이 증가하고 있다!

'이동이 전제인 인생'이 타인과 다른 시점을 준다

해외에서 유행하는 것이 돈벌이의 힌트가 된다

제5장 왜 이동하면 좋은 인간관계가 늘어나는가? ... 130

캐릭터 설정으로 인생을 내 마음대로!

캐릭터가 인생을 결정한다!

누가 당신의 캐릭터를 정하는가?

우리는 '과거와의 정합성'을 유지하려 한다

세계는 포지션 토크로 구성되어 있다

우연히 성공한 것뿐

나에게 유리한 미래와의 정합성을 갖춰라!

포지션 토크를 하기 시작했을 때가 환경을 바꿀 때

업데이트의 표어는 '첫 체험'

재미있는 사람이 되고, 재미있는 사람을 만나고,

재미있는 인생을 보내기 위해

일이 잘되기 직전 꼭 나타나는 사람

제6장 이동 체질을 만드는 30가지 액션 플랜 ··· 152

【플랜 1】'즉시 회신' '즉시 대답' '즉시 보고'를 의식한다

【플랜 2】솔선하여 사람을 소개한다

【플랜 3】연하의 지인을 적극적으로 만든다

【플랜 4】작가를 만나러 서점 이벤트에 간다

【플랜 5】커뮤니케이션 비용이 낮은 사람이 되자

【플랜 6】효율만 중시하지 않는다

【플랜 7】기억에 남는 사람이 되자

【플랜 8】출퇴근 경로를 바꾼다

【플랜 9】1박의 해외여행을 떠난다

【플랜 10】연 4회는 해외로, 연 4회는 국내로

【플랜 11】한 달에 한 번은 호텔에 묵는다

【플랜 12】해외에 사는 동포와 알고 지낸다

【플랜 13】싫은 것도 도전해 본다

【플랜 14】도움이 되지 않는 것을 접해 본다

【플랜 15】유튜브를 보지 않는다

【플랜 16】 하루 10분 생성형 AI를 접한다

【플랜 17】 로드 무비를 본다

【플랜 18】 하루에 한 권 책을 읽는다

【플랜 19】 서양 음악이나 가사 없는 음악을 듣는다

【플랜 20】 해외 정보를 인풋한다

【플랜 21】 해외 투자를 시작해 본다

【플랜 22】 외화를 번다

【플랜 23】 자녀를 데리고 해외 대학을 견학한다

【플랜 24】 사회 공헌을 해 본다

【플랜 25】 나라에 기대지 않고 살아가려는 의식을 가진다

【플랜 26】 고민하지 않는다, 망설이지 않는다

【플랜 27】 반성하지 않는다

【플랜 28】 빠른 결정과 빠른 실행

【플랜 29】 타인의 시선을 신경 쓰지 않는다

【플랜 30】 매일 같은 시간에 같은 일을 한다

작가 후기 ··· 196

Chapter 1

왜 이동하는 사람은 잘되는가?

일, 인간관계, 돈, 시간 고민을 모두 해결!

오늘도 짜증 나는 일만 가득한 세상

우리는 일상에서 짜증 나는 일을 겪을 때가 많다.

정치는 국민의 번영을 위하기보단 불합리하게 움직이는 것처럼 보인다. 텔레비전에 나오는 버라이어티 쇼나 주간지에서는 저명한 사람의 사생활 문제에 대한 참견만 한다. 질투심 때문인지는 알 수 없지만, 성공한 사람이 실패라도 하면 몰려들어 몰매를 때린다.

X에서는 서로 언쟁만 벌이다가 발생한 논란이 결과적으로 선전으로 변모한다. 이웃 나라와의 갈등이나 증오 발언 문제도 그렇지만, 세상에는 '미움'이 만연한 것 같다. 또한 정의나 도덕을 방패로 삼아 일본인에게 불리하게 돌아간다는 여론을 형성하려는 미디어도 많다.

세계정세를 살펴봐도 각지에서 전쟁이 발발하고 있고, 온라인에서는 가짜 뉴스가 판을 친다. MIT(매사추세츠 공과대학)의 연구에 의하면 거짓 뉴스는 6배 더 빨리 확산된다고 한다.

스즈키 다이스케의 『넷 우익[1]이 된 아버지』에서 언급했듯 인터넷 정보에 면역이 없는 은퇴 세대가 유튜브를 보고 음모론에 빠져드는 사례도 많다. 한번 음모론 동영상을 보기만 하면 알고리즘이 비슷한 내용의 영상을 추천하니 마치 세뇌라도 당하듯 점차 음모론자나 넷 우익이 돼 가는 것이다.

또한 일본이 점점 저렴해지고 있다는 정보도 증가했다. 일본은 다른 나라에 비해 물가가 지나치게 싸다. 게다가 엔화 약세도 심화해서, 지금은 특정 시즌에 관계없이 외국인 관광객들이 일본 곳곳에 몰려든다.

놀랄 만한 점은 최근에는 서양권만이 아니라 아시아권에서도 많은 사람이 여가를 즐기러 일본을 찾는다는 것이다. 현재는 태국에서 오는 관광객이 태국에 가는 일본인의 수를 웃돈다. 1990년대에 일본인이 아시아에서 호화롭게 즐기던 것과 정반대의 현상이 일어나고 있다.

무엇이 비극을 일으키는가?

나는 이런 사회를 '불안 정보사회'라고 부른다. 불안 정보사회에서는 불안을 부추기는 정보일수록 인기가 많다. 그 결과, 미디

---

1) 인터넷을 중심으로 국가 간 갈등, 혐오 감정 등을 조장하고 선동하는 극우 성향의 인터넷 유저를 일컫는 일본의 신조어

어의 불안 조장 보도 비중이 증가하고 있다.

　예를 들어, 재해가 일어난 초기에는 텔레비전을 비롯한 각종 미디어에서 비참한 현장 모습을 연속 보도한다. 그러나 얼마 지나서부터는 시청률을 얻기 어려워지니 보도도 하지 않게 된다. 실제로는 재해 이후의 피해 지원이 더 중요함에도, 사람들의 관심이 점점 옅어지다 보니 재해 피해자 지원은 충분히 이루어지지 않는다.

　당신은 이런 상황을 보고 어떻게 느끼는가. 당연하지만 나는 이런 상황을 조금이라도 바꾸고 싶다. 나한테도 자식이 있고, 내 자식만이 아니라 모두의 미래를 위해 좋은 환경을 갖추고 싶은 마음이 생기는 건 당연지사다.

　한마디로 모든 게 불안 정보사회 탓이라고는 할 수 없지만, 결과적으로 **빈부 격차나 괴롭힘, 우울증과 같은 우리 주변의 문제와 연관된 것이 아닐까** 하는 생각이 든다.

　이런 문제의 근원은 어디에 있을까. 사람이 서로 미워하고, 남들과 비교해서 우열을 정하는, 이런 행위는 왜 이뤄지는 것일까.

　특히 팬데믹 이후부터 이러한 경향은 점점 강해졌다. 거리 두기 정책으로 인해 사람들이 집 안에 격리됨으로써 많은 이들이 인터넷 정보에 휘둘릴 수밖에 없게 되었다. 그래서 정보의 진위와는 상관없이 화제성 있는 것은 끊임없이 확산되어서 사람들의 사고를 지배하는 결과를 초래했다.

모든 악의 근원은 이것이었다!

SF 작가 조지 오웰이 『동물농장』에서 그려 냈듯 우리 인류는 유전적으로 계급 지배 제도를 만들고자 하는 경향, 즉 습성을 가지고 있는지도 모른다. 습성을 거부할 수는 없지 않은가. 물론 그런 측면도 있을지 모르지만, 나는 문제를 일으키는 가장 큰 원인은 바로 '정착'이라고 본다.

이게 무슨 소리지? 인류는 정착하면서 문명을 이룩했는데? 그렇게 생각할지도 모른다. 학교에서도 그렇게 배운다. 그렇지만 우리 주변에 있는 불행이 '정착'으로 인한 것일지도 모른다는 이유는 다음과 같다.

농경이 시작되고 사람들이 정착하며 권력이 생성됐다. 정착했기에 영토라는 개념이 탄생했고, 농경으로 잉여 식량이 생겨나 세금이라는 개념도 나타났다. 그 단계에서 계급 제도가 생성됐다.

물론 수렵 시대에도 인류는 무리를 이루고 살았으니 당시에도 계급 제도는 있었을 것이다. 그렇지만 정착으로 인해 주인과 노예 같은 관계, 현대에서는 자본가와 노동자라는 '더 이득을 보는 입장'과 '더 손해를 보는 입장'이라는 관계가 형성되었다.

인간은 공동체 속에서 계급 제도를 구축하는데, 이 계급 제도에서는 완력이 센 사람이 아닌 거래를 잘하는 사람의 신분이 높아진다. 한마디로 남을 밟아 밀어내기를 잘하는 사람이 성공한다는 뜻이다. 뒤마의 소설 『몽테크리스토 백작』의 전반부 내용처럼 처세술에 능한 사람이 권력을 갖게 된다.

그렇게 보면 모든 악의 근원은 '정착'이라고 봐도 무방하지 않겠다.

'정착'이 낳은 무수한 불행

실제로 전 세계적인 베스트셀러 유발 노아 하라리의 저서 『사피엔스』에도 다음과 같은 내용이 있다.

야생 밀을 채집하던 여자가 단번에 재배용 밀을 경작하는 여자로 변신한 것은 아니다. 따라서 농업으로 결정적 이행이 이뤄진 시기가 정확히 언제라고 단정하기는 어렵다. 하지만 기원전 8500년이 되자 중동에는 여리고Jerico 같은 영구 정착촌이 여럿 나타났다. 이곳의 거주민은 재배용 작물을 경작하는 데 대부분의 시간을 보냈다.

영구 정착촌에 살면서 식량공급이 증가하자 인구가 늘기 시작했다. 방랑하는 삶을 포기하자 여성은 매년 아기를 가질 수 있게 되었다. 아기는 젖을 일찍 뗐다. 죽 같은 이유식을 먹을 수 있었기 때문이다. 밭에는 추가 일손이 절실히 필요했다. 그러나 먹을 입이 늘면서 여분의 식량은 재빠르게 고갈되었고, 따라서 경작지를 더욱 늘릴 필요가 있었다. 질병이 들끓는 정착지에 살기 시작하면서, 아이들이 모유를 덜 먹고 곡물을 더 많이 먹게 되면서, 아이들이 죽을 더 먹으려 형제자매들과 경쟁하게 되면서, 어린이 사망률은 급격히 치솟았다. 대부분의 농경사회에서 최소한 어린이 세 명 중 한 명이 20세가 되기 전에 사망했다. 하지만 출생률 증가가 사망률 증가를 앞질렀다. 사람들은 계속 이전보다 아이를 더 많이 낳았다.

시간이 흐르자 '밀 거래'의 부담은 점점 더 커졌다. 아이들은 떼죽음을 당했고 어른들은 땀에 젖은 빵을 먹었다. 기원전 8500년 여리고의 평범한 사람은 기원전 9500년이나 기원적 13000년의 사람에 비해 더욱 힘들게 살았다. 하지만 무슨 일이 일어나고 있는지 알아차린 사람은 아무도 없었다. 모든 세대는 전 세대와 마찬가지 방식으로 살았고 일을 처리하는 방식에서 여기저기 작은 개선이 일어났을 뿐이었다. 역설적이게도 일련의 '개선'이 합쳐져서 농부들의 어깨에 더 무거운 짐으로 얹혔다.[2]

어떤가. 이 인용을 읽어 보면 우리가 배웠던 '정착은 좋은 것이다'라는 이미지가 다소 달라지지 않을까.

---

2) 유발 하라리, 『사피엔스』, 2015, p.44~45

'한 자리에 머물기'로 인해 능력은 퇴화한다!

유명 뮤지션 브라이언 이노는 2016년 바르셀로나에서 열린 음악과 예술, 테크놀로지의 제전인 'Sonar 2016'에서 **'수렵 시대보다 현대인의 뇌가 작아졌다'** 는 흥미로운 이야기를 했다.

브라이언 이노는 뮤지션으로 록시 뮤직[3)]에 참여했다가 그 후에 솔로로도 활동했다. 프로듀서로서는 아일랜드의 록밴드 U2의 히트를 이끈 대단한 뮤지션이기도 하다. 그는 다음과 같은 말을 했다.

"과거 2만 년의 세월을 거쳐 인간의 뇌는 작아졌습니다. 2만 년 전보다 15% 작지요. 이는 여러분이 생각하는 것과 정반대의 상황 아닐까요? 앞으로 뇌가 점점 커질 줄 아셨겠지만 사실 반대의 일이 벌어지고 있습니다.

2만 년 전을 상상해 보세요. 분명 사람마다 생존법에 대해 생각했을 겁니다. 식량은 어떻게 모을 것인가, 동물을 추격하기 위한 준비는 어떻게 할 것이며 그 방법으로는 무엇을 궁리할 것인가, 뭘 어찌 느낄 것인가. 이처럼 살아가기 위해 필요한 정보를 전부 기억해야 했어요.

그 점에서 봤을 때 지금 우리는 전혀 도움이 안 되는 존재입니

---

3) 1971년에 브라이언 페리가 결성한 잉글랜드의 록밴드

다. 다들 다른 사람의 정보에 접속해 '엿보기'를 하면서 살아가고 있으니까요."[4]

어떠한가? 이것 역시 의외로 와닿지 않을까.

앞서 '사실 정착은 좋은 게 아니었다'라는 이야기를 했는데, 이번에는 실은 우리의 뇌는 더 작아지고 있다는 말까지 나왔다.

우리는 매일 진화하고 있다고 여기며 살았다. 그렇지만 실제로는 퇴화하고 있을지도 모른다. 냉정히 따져 보면 이 역시 이해할 수 있다.

수렵 시대에는 언제 무엇이 일어날지 알 수 없었다. 식량을 얻을 수 있을지, 적이 언제 덮칠지 알 수 없는 상황이었다. 그러니 뇌도 커질 수밖에 없다. **서바이벌 능력이 없으면 살아남기 어려울 테니 말이다.**

내가 중시하는 '스트리트 스마트'가 바로 이 능력이다. 현재는 예측 불가능한 시대다. 그야말로 언제 무슨 일이 일어날지 전혀 알 수 없다. 그런데 일본인들은 '정해진 대답이 전제된 교육'만 받으니 예상치 못한 사건에 너무나 취약하다.

나는 그런 젊은이들에게 해외로 가 보라고 제안하기도 하고, 같이 가기도 한다. 당연하지만 해외에서는 일본의 규칙이 통하지 않

---

4) https://www.fuze.dj/2016/08/sonar2016-eno.html를 참조

는다. 그래서 온 신경을 집중해서 서바이벌 능력을 되살릴 수밖에 없다.

나는 그렇게 청년들이 해외로 나가서 잊고 있었던 서바이벌 능력을 깨워 '스트리트 스마트' 체질로 다시 태어나도록 권하고 있다.

서바이벌 능력을 각성시키는 '불안정감'

현재 나의 비즈니스 파트너이기도 한 어느 인물에 관해 이야기해 보겠다. 첫 만남은 그가 23세일 때였다. 그때 그는 대기업 회사원이었고, 오사카에 거주하던 중이었다. 구직 활동을 하는 입장에서 보자면 부럽기 그지없는 대기업이다.

그런데 그는 서점에서 내가 기획·제작한 책을 보고 내가 주최하는 세미나에 참석했다. 그러고 나서 대기업을 퇴직하고 도쿄로 이사해서 사업에서 성공을 거두고 난 뒤 싱가포르로 이주했다. 그 후에 교육 비즈니스를 하고 싶다며 지금은 미국의 명문 MBA에서 공부 중이다. 이 일은 겨우 10년 전쯤에 있었던 일화다.

대기업이라는 안정을 버렸음에도 성공할 수 있던 요인 중 하나는 도쿄로의 이사, 그리고 해외 이주가 아닐까.

방금 말한 인물과 같은 젊은이를 만날 때가 많은데, 나는 그때마다 늘 회사를 그만두라고 말한다. '무책임한 말은 하지 말라'라는 소리도 듣지만, 나는 그걸 전혀 무책임하다고 느끼지 않는다.

스스로 살아가는 힘을 기르지 못하면 앞날을 헤쳐 나가기 어렵다. 게다가 일본에서 회사원만큼 가성비가 좋지 않은 직종도 없다고 확신하기 때문이다.

오히려 회사나 꾸준히 다니는 편이 좋다고 조언하는 사람이 더 무책임한 게 아닐까. '시키는 일이나 하고 살아라'라는 뜻과 마찬가지이니 말이다.

내 이야기를 듣고 회사를 그만두는 이들 중 성공한 사람들에게는 공통점이 있다. 그건 바로 퇴직과 동시에 이사한 사람이라는 점이다. 직장을 그만두는 것만으로도 '안정'을 버리게 되는 일인데, 이사까지 하니 더욱 각성할 수밖에 없을 것이다.

해외로 가는 것도 마찬가지다. 과거의 규칙, 지금까지의 규칙이 통용되지 않은 인생으로 들어서는 셈이니 서바이벌 능력이 눈을 뜨게 된다. 아니, 눈을 뜰 수밖에 없어서 결국 본래 능력의 개화로 이어지게 된다.

이동함으로써 '재능' '능력'이 개화한다

많은 사람이 자신의 능력을 알지 못한다. 사물을 감지하는 센서가 망가졌기 때문이다.

나는 직업상 인생이나 비즈니스 상담을 해 줄 때가 많다. 매달 100명 이상과 일 대 일 대화를 한다. 일 대 다수일 경우에는 수백 명과 이야기를 나눈다. 그때마다 아예 '좋고 싫음'을 느끼는 것조차 하지 못하는 사람들이 많음을 알게 된다.

상담 내용으로 자주 나오는 것은 '하고 싶은 일이 없다'라는 고민, 혹은 '월수입으로 100만 엔을 벌고 싶다' '해외로 이주하고 싶다'라는 흔하고 거짓된 꿈들뿐이다.

하고 싶은 게 없는 것도, 흔한 꿈을 논하는 것도 모두 '좋고 싫음'을 느끼는 능력이 저하되고 센서가 망가진 것이 원인이다. 센서가 망가졌기 때문에 남의 욕망을 자신의 욕망이라고 착각한다. 타인의 꿈을 자신의 꿈이라고 잘못 인식하니 행동할 수가 없다.

그렇다면 센서는 왜 망가졌을까. 그건 자기 의견을 표출하지 못하게 하는 교육과 사회 때문이다.

나는 아이를 미국에서 키웠는데, 그곳 교육은 자기 의견을 말하는 게 당연시되었다. 반대로 일본 사회는 동조 압력이 강하다. 자기 의견을 가지는 것 자체가 용납되지 않는다. 이와 같은 환경에서는 감각이 마비될 수밖에 없다. 그 결과, 센서가 망가지고 만다.

내 감각을 되찾기 위해서라도 센서를 강제적으로 재기동할 수밖에 없는 환경으로 가야 한다. **특히 한 번도 간 적 없는 곳에 가는 방법이 가장 효과적이다.** 아예 전혀 다른 환경에 가는 것 말이다.

과거의 상식이 통용되지 않는 장소로 가서 인간이 본래 가진 감각을 되살린다. 그러면 내가 무엇을 좋아하고 싫어하는지 알게 되고, 내가 원래 하고 싶은 것이 무엇인지 깨닫게 된다. 사람에 따라서는 하고 싶은 일보다 자신이 수행해야 할 역할이 무엇인지 깨달을지도 모른다. 왜냐하면 사람은 사회나 타인에게 도움을 줌으로써 삶의 보람을 느끼고 싶어 하기 때문이다.

좋고 싫음이든 역할이든 나 자신이 살아가는 데 중심이 생기면 사람은 능력을 발휘하게 된다. 그렇기에 나는 이동하길 권한다.

열심히 '이동'해서 저금한 돈 한 푼 없는 밑바닥 인생을 극복하다

여기서 내 이동 인생에 관해 이야기해 보겠다. 나는 38세까지 회사원으로 일했다. 평범한 회사원과 다른 것이라면, 출판사에서 근무했기 때문에 기본적으로 작가, 디자이너, 인쇄 회사와 같은 외부인과 함께 일했다는 점이다. 그중에서도 작가는 업계에서 성공한 인물이며, 선두 주자라 할 수 있다.

같은 장소에서 같은 사람과 일하기만 하는 일반 회사원과 비교하면 이는 상당히 축복받은 환경일지도 모른다. 하지만 그래 봤지 회사원이다. 그렇게 자주 이동하지도 않고 출장도 별로 없다. 아니, 1년에 한 번 있으면 그나마 다행이라 출장 전에는 기대감에 가슴까지 두근거렸다.

그리고 38세 때 이동하는 인생이 시작됐다. 동일본 대지진을 기점으로 하와이로 이주했다. 당연히 회사원으로 살 수 없어 직장은 퇴직했다.

하지만 놀고먹으며 살 수 있을 만큼 통장에 돈이 있는 것도 아닐뿐더러 저축액은 없다시피 했다. 이주할 때 필요한 비자를 발급받기 위해 융자까지 마련했다. 영어도 잘하지 못해서, 일은 일본에서 하는 이중생활이었다. 도쿄의 집과 하와이의 집까지 해서 집세도 이중으로 들었다. 지금 돌이켜보면 잘도 버텼다 싶다.

그때부터는 계속 이동하는 인생이었다. 미국은 기본적으로 임대 계약 기간이 1년이다. 미국은 소유자(대주貸主)의 힘이 압도적이어서 계약 중이라도 집에서 나가라고 하면 나갈 수밖에 없다.

그런 상황이다 보니 늘 이사를 염두에 두며 살아야 했다. 게다가 임대 전문 부동산 업자도 없어서 어설픈 영어로 소유자와 직접 거래를 해야 하니 엄청난 스트레스가 아닐 수 없었다.

다만 그나마 다행이었던 건, 출판업계에 발을 들였을 때부터 온갖 성공 법칙 책을 읽던 중 알게 된 '무조건 집세 비싼 곳에 살아라'라는 법칙을 실천하기 위해 매년 이사를 거듭했다는 점이다.

내가 근무했던 출판사는 비즈니스 서적을 주로 내는 곳이라, 성공 법칙 관련 도서가 많이 출간되고 있었다. 당시의 나는 그런 분야의 책을 다소 우습게 보는 쪽이었지만, 독자의 마음을 이해해야 히트 작품을 낼 수 있다는 생각에 직접 실천하자고 마음먹으면서 갖가지 법칙을 다 시험해 봤다.

그중 하나가 '집세가 비싼 곳으로 이사하라'라는 것이었다.

1년에 한 번은 이사했다. 수입이 늘어날 때마다 무리해서라도 집세가 더 비싼 곳으로 이사했고, 최종적으로는 월세 100만 엔이 넘는 곳에서까지 살게 됐다.

그렇게 재산을 써 댔기도 해서 하와이로 이주할 즈음에는 돈이 없었다. 그렇다고 해서 '돈이 없으니까 이사 못 한다'라는 변명은 통하지 않는다. 제3장에서 그 부분에 관한 전략을 자세히 설명하겠다.

왜 이동할수록 수입이 늘어날까?

하와이로 이주하여 이중생활이 시작된 이상, 회사원으로는 살 수 없었다. 당연히 퇴직해서 독립해야 한다. 지금의 나는 회사를 그만두라고 권하고 있지만, 회사원 시절만 해도 독립은 꿈도 꾸지 못했다. 일은 즐거웠고 결과도 내고 있어서, 어떤 의미에서 보자면 충실한 나날을 보냈다.

그랬던 나도 독립을 하자 이전에는 보이지 않던 것들이 눈에 들어왔고, 현재는 회사를 그만두라고 열심히 주장하고 있다.

회사원은 무의식적으로 편안해서 아무것도 볼 수 없다. 볼 수 없게 하고 있다고 봐도 좋다. 그래서 내가 '회사를 그만둬라'라고 말하는 것이다.

독립하고 나서 나는 회사원 시절과 달라졌고, 출장만 다니는 인생을 보내게 됐다.

출판사를 다니던 회사원 시절 나는 비즈니스 서적을 만들고 있었고, 대체로 작가들은 도쿄에 사는 경우가 많았다. 종종 지방이나 해외에 사는 작가도 있긴 했지만, 책을 쓸 정도의 사람들이어서 도쿄 출장도 오기에 미팅은 도쿄에서 할 때가 많았다.

독립하고부터는 거의 매주 도쿄, 오사카, 후쿠오카를 돌았고, 매달 미국과 일본을 왕복하게 됐다. 거점을 일본으로 되돌려놓은 후부터는 기획자인 도도코로 잇세키 씨와 함께 지방 활성화 팀을 만들어서 매달 여러 지역을 방문했다.

그런 생활을 하면서 매년 점점 수입이 상승했고 책을 출판하는 등 회사원 시절에는 상상도 할 수 없었던 삶을 살게 됐다.

한마디로 '이동 거리'가 크게 달라진 결과, 내 재능과 능력이 점점 각성하면서 깜짝 놀랄 정도로 많은 수입을 얻었다.

앞서 언급했듯 열심히 이동하자 감각이 예민해지며 지금까지 보지 못했던 것이 보이게 됐다. 회사원 시절의 '정착' '안정'이라는 환경에서 뛰쳐나와 보니 눈앞에는 전혀 새로운 세계가 있었다. **상식, 체면, 동조 압력으로 인해 보지 못했던 것이나 느끼지 못했던 것을 이해하게 됐기 때문이다.**

회사를 뛰쳐나왔을 때는 살기 위해 필사적이라 아무것도 몰랐지만, 시간이 지나고 보니 똑같은 세상에서 사는데도 눈에 보이는 것이 전혀 달랐음을 깨달았다.

인생을 호전시키려면 이동이 지름길!

더 큰 수확은 나의 가능성을 알아차렸다는 점이다. '정착'과 '안정'의 환경에 있을 때는 그 환경 속의 캐릭터로만 살았다. 그마저도 '정착'과 '안정'의 환경하에 존재하는 캐릭터라 철저하게 고정되었다.

'정착'과 '안정'의 환경 밖으로 나가면 환경 그 자체가 유동적이 되므로 캐릭터도 유동적으로 변할 가능성이 생긴다. 유동화는 변화 가능성이 커진다는 뜻이니 인생도 달라지고, 능력도 변화한다.

반대로 따져 보자면 '정착'과 '안정'은 우리의 능력을 제한하고, 인생을 아주 따분한 것으로 만든다.

이 책을 읽는 당신이라면 조금이라도 인생을 바꾸고 싶다고 여기는 사람일 것이다. **인생을 바꾼다는 건 캐릭터를 바꾼다는 말**

과 같다. 예전만 해도 '고교 데뷔'[5]라는 단어가 있었는데, 이렇게 환경을 바꾸며 캐릭터를 변화시키는 일은 흔하다.

즉, 캐릭터를 바꾸려면 환경을 바꾸는 게 빠르다. 달리 말하자면, 인생을 변화시키려면 환경 변화가 제일 빠르다는 뜻이다.

나는 자기 계발 분야의 책이나 콘텐츠를 만들 때가 많다. 그러면서 많은 사람이 인생을 변화시키지 못하는 모습도 봐 왔다. 이들의 공통점은 이동이 부족하다는 것이다. 대부분 계속 같은 자리에만 있거나, 더 심한 경우 태어나서부터 쭉 고향을 떠나지 못하는 사람도 있다.

한편 내 주변의 성공한 사람은(무엇으로 성공했는지는 일단 제외하고) 이동력이 뛰어난 이들이 많다. 거점을 두 개 갖고 생활하는 사람도 많고, 아이를 데리고 세계 곳곳을 여행하기도 한다.

이동함으로써 인생이 격변한 한 청년의 이야기

나는 열심히 이동한 덕분에 내 능력을 개화했고 즐거운 인생을 살게 됐다고 확신한다. 그래서 다른 사람들도 이러한 점을 깨닫기를 바라며 이 책을 쓰고 있다. 한때 도쿄, 오사카, 후쿠오카에 셰어 하우스를 두고, 사람들이 편하게 지낼 수 있는 환경을 만들기

---

[5] 중학생 시절에 별로 튀지 않던 사람이 고등학교 입학과 동시에 화려해지는 것

도 했다. 이렇게 말하면 멋져 보이지만, 사실은 그저 청년 커뮤니티에 있는 이들에게 잠자리를 제공했을 뿐이었다.

거기서도 여러 가지 드라마가 있었지만, 특히 인상적이었던 건 이키노시마(나가시마현에 있는 외딴섬)에서 온 두 사람이다. 그들은 고등학교 동창으로, 후쿠오카에서 살았다. 한 명은 음식점에서, 또 한 명은 이발소에서 일했다.

내가 그들을 만난 곳은 후쿠오카의 강연회 뒤풀이 자리였다. 술도 마셔서 기분이 좋았던 내가 "내일부터 도쿄로 오지 그래? 내일 정오에 하카타 역에서 기다릴게. 교통비도 주고"라고 제안했더니, 그들은 정말로 이튿날 정오에 역에 나타났다.

나중에 이야기를 들어 보니, 내가 도쿄행을 권했던 그 뒤풀이는 한밤중에 끝났던 터라 이튿날 정오에 늦지 않게 역에 도착하려고 그날 밤 바로 짐을 싸서 렌터카로 지인 집까지 서둘러 옮겼단다. 또 한 사람은 이제 막 새로운 집을 계약한 참이라 아직 그 집 열쇠도 받지 않은 상태라고 했다.

대체로 이동하지 않을 법한 타이밍에 그들은 이동했다. 그 후 두 사람 모두 그래픽 디자이너, 영상 디렉터의 길을 걷고 있다.

이키노시마에서 자란 두 사람은 지금 크리에이터로 열심히 살고 있지만, 그때 그들이 도쿄에 오지 않았더라면 이렇게 인생이 변화하지는 않았을 것이다.

그래서 나는 더 많은 사람이 쉽게 이동할 만한 환경을 만들고자 여러 곳에 잠자리를 제공할 계획이다. 언젠가 이걸 해외까지 확장하면 좋겠다고도 생각한다.

같은 환경에 계속 있으면 몸도 마음도 병든다

지금까지 이동이 능력 개화에 영향을 준다는 점을 설명했다. 그러나 **이동은 능력만이 아니라 건강에도 좋다.** 앞서 언급한 『사피엔스』에 다음과 같은 대목이 있다.

> 고대 수렵채집인은 전염병의 영향도 덜 받았다. 농경 및 산업 사회를 휩쓴 대부분의 전염병(천연두, 홍역, 결핵)은 가축이 된 동물에 기원을 두고 있으며, 이것이 사람에게 전파된 것은 농업혁명 이후부터다. 고대 수렵채집인이 기르는 가축은 개밖에 없었으므로 그들에게는 이런 괴로움이 없었다. 게다가 농업 및 산업 사회 사람들은 인구가 밀집한 비위생적인 거주지에 영구적으로 살았는데, 이는 질병이 퍼지기 이상적인 온상이었다. 수렵채집인들은 떠돌며 생활했는데, 무리도 소규모여서 전염병이 널리 퍼질 수 없었다.[6]

---

6) 유발 하라리, 『사피엔스』, 2015, p.98

즉, 모두 해당되지는 않지만 정착에 의해 여러 질병이 생겨났다는 뜻이다. 게다가 인류에게 치명적인 전염병일수록 정착 이후에 발생했다고 한다. 신종 코로나바이러스의 세계적 유행의 기억은 여전히 생생하다.

그런데 이 대목이 다소 흥미롭다. 왜냐하면 사람이 계속 한 자리에 머물기에 질병이 발생할 수밖에 없다는 의미로 여겨지기 때문이다. 그래서 인간은 본능적으로 이동하려고 하는 것처럼 보이기도 한다.

의학 박사도 아닌 내가 주장하는 것도 이상하지만, 실제로 전지轉地 요법이라는 치료법이 있다. 전지 요법은 사는 지역을 떠나 병을 치료하는 방법으로, 한때는 치료법이 해명되지 않은 질병 등에 활용되었고 유복한 환자를 수용하기 위한 요양소나 별장이 각지에 있었다.

현대에서도 정신적인 원인의 질병 등에는 전지 요법이 인정되곤 한다. 특히 우울증은 환경이 변하면 낫기도 한다는 이야기도 많다.

현대의 병은 스트레스에서 기인한 것이 많다. 그리고 스트레스도 한 환경에 지속적으로 있기 때문에 생기는 것이 아닐까. 인간관계 역시 환경이 만들어 내는 것이므로.

우리가 행동하지 못하는 근본적 이유

지금까지 '정착'의 단점에 대해 초점을 맞춰 살펴보았다.

'정착'과 함께 우리의 능력과 인생에 제한을 거는 요소로는 '안정'이 있다. 결국 우리 인류는 '안정'을 원해서 '정착'을 선택했다. 그리고 우리는 여전히 '안정'을 원하는 존재로 남아 있다.

내가 신기하게 여기는 건 **'따분한 인생이 질렸다'라고 하면서, 동시에 안정도 원하는 사람이 많다는 점**이다.

잘 생각해 보면 알 수 있지만, 안정=따분함은 당연하다. 그런데도 우리는 '안정'을 갈구한다. 특히 일본은 그러한 경향이 강해서, 연구 조사에 의하면 중고등학생이 되고 싶은 직종 1위가 남녀 모두 공무원이라고 한다.

특별히 하고 싶은 일이 없는 아이들은 회사원, 의료 관계자, 지방 공무원이 될 가능성이 높다. 다시 말해, 우리가 받아 온 교육으로 인해 안정을 원하도록 세뇌됐다고 해도 좋다.

그렇다 보니 하고 싶은 게 없는 아이는 자동적으로 안정된 삶을 사는 회사원이나, 의료 관계자, 지방 공무원의 길을 선택하고 만다. 이런 말을 하면 미안하지만, 이를 선택하는 학생 대부분은 대체로 상식에 얽매여 있다고 봐도 좋을 것이다.

그뿐만 아니라 교사와 부모도 이를 권한다. 학교 교육하에서 학생은 자기 의견을 피력할 기회도 교육도 받지 못하니 교사와 부모가 권하면 거절할 수 없을 것은 뻔하다.

이러한 분야의 일이 나쁘다는 뜻이 아니다. 물론 적극적으로 하고 싶다면 해도 된다. 그러나 소거법으로 이를 고르는 것이라면 오히려 문제다. 안정을 중요시하는 세뇌 교육으로 인해 나 자신에게 제한을 거는 사람이 자꾸만 생겨나고 있다.

또한 이는 나라의 장래에도 좋지 않다. 의료 문제의 대부분은 노인 관련이고, 지방에는 노인만 살기 때문이다. 한마디로 노동력이 노인들을 위해 사용되고 있다는 의미다. 미래가 있는 자의 능력과 시간이 미래의 노인들에게 투자된다. 일본이 몰락하는 원인 중 하나가 바로 여기에 있다.

이처럼 안정을 우선으로 여기는 사고는 사람들의 가능성을 제한하고 국력까지 쇠하게 한다.

그러나 국민 대부분이 그런 사람들이고, 수많은 회사에서 일하는 직원들이 다 그런 사람들이며, 많은 학교의 교사, 학생, 부모 또한 그런 사람들이다. 그러한 환경에서 살아가면 안정을 중시하는 사고는 강화되며, 이러한 현상이 심해지면 그것밖에 보이지 않게 된다. 점점 시야가 좁아지기만 한다.

그런 인생을 바꾸기 위해서는 환경을 바꿀 수밖에 없다. 환경을 바꾸는 것은 바로 이동을 뜻한다. 예부터 '인생을 바꾸고자 한다면 환경을 바꿔라'라고 하는데도, 많은 이들이 이사조차 못 하고 있다.

우선 이동부터 해서 지금과는 다른 경치를 보고, 이제껏 좁은 세계에만 갇혀 있었음을 깨달아야 한다.

이동으로 내 인생을 되찾자

따라서 그런 안정을 원하도록 교육받아 온 당신의 뇌에 '이동'이라는 자극을 줌으로써 당신 자신만의 인생을 되찾길 바란다.

지금까지 설명한 것처럼 우리의 인생에 제한을 걸었던 건 안정을 원하는 사고다. 그 결과가 바로 정착이고, 거기서 생겨난 권력 역시 안정을 원하도록 세뇌하니 악순환의 고리를 끊을 수가 없다.

이 악순환을 타파하려면 우선 이동하는 수밖에 없다. 현상 유지를 강하게 원하는 우리 인생을 강제적으로 바꿔 주는 것이 이동이다.

그리고 무엇보다도 현재 우리는 이제 쉽게 이동할 수 있게 됐고 지금까지 이동으로 인해 감수해야 했던 단점도 거의 사라졌다. **그렇기에 지금이야말로 이동해야 할 때다.**

다음 장에서는 '이동이 얼마나 쉬워졌는지' 그리고 '이동 중에 얼마나 많은 일을 할 수 있게 됐는지' 등을 설명하고자 한다.

이걸 읽게 되면, 안정만을 좇던 당신의 뇌는 자극을 받아 세뇌에서 해방될 것이다.

제1장 총정리

— '이동'이 당신을 서바이벌 능력이 높은 스트리트 스마트 체질로 바꾼다.
— 익숙한 규칙이 통용되지 않는 곳에 몸을 두면, 본래 능력이 개화한다.
— 정착, 안정을 버리면 수입이 깜짝 놀랄 정도로 상승한다.
— 인생을 바꾸고 싶다면 캐릭터를 바꿔라!
— '이동'으로 뇌를 자극하고, 각종 제한을 없앤다.

Chapter 2

이동 중에는 왜 인풋과 아웃풋이 활발해지는가?

무엇을 어떻게 배워야 효과적일까?

'이용당하는 사람'이 되지 말자

이제 당신도 '정착'과 '안정'이 얼마나 우리 능력을 제한했는지 알게 됐을 것이다. 이 사실을 받아들이지 못하겠다면, 다시 한번 잘 생각해 보길 바란다. 자본가, 권력자들에게는 사람들이 '안정'을 원하는 편이 더 좋다. 사람들을 다루기 편하기 때문이다.

회사원의 경우를 보자. 그는 일과 관련된 사람, 노동 시간, 노동 장소를 선택할 수 없으므로 생존권을 완전히 빼앗긴 것과 마찬가지다. 반면 시키는 일을 정해진 시간에 지정된 장소에서 해야 하니 고용주, 권력자에게는 매우 편리하다.

그리고 그 대가로 적은 급여라는 먹이를 받는다. 미국의 평균 수입은 700만 엔 정도로, 일본인의 평균 수입보다 약 260만 엔 정도 높다.

사람, 일, 장소를 고르는 사람이 되자!

초봉 2천만 엔의 세계

미국 대학 투어를 갔던 나는 깜짝 놀랐다. 설명회에서 들은, 소위 말해 명문대를 졸업한 사람의 초봉이 엔화로 약 2천만 엔 이상이라는 말을 들었기 때문이다.

물론 대학 학비부터가 연간 1천만 엔 이상이니 이건 당연한 일일지도 모른다. 다만 연 수입도, 학비도 일본과 비교해 10배 이상의 차이가 나는 건 다소 비정상적이다.

내가 학창 시절을 보내던 1990년대에 일본인은 자비로 유학을 갔다. 지금은 장학금이라도 받지 않으면 유학은 꿈도 못 꿀 정도로 임금과 물가의 차이가 크다.

이 임금 차이를 이용해서 워킹 홀리데이를 떠나는 젊은이들도 많다. 실제로 나라에 따라 다르지만 주 3~4일의 노동으로 한 달에 40~50만 엔을 벌 수 있다고 한다. 물론 생활 물가도 높아서 외국이 좋다거나 일본이 더 낫다고는 단정 지을 수 없다.

그러나 이 책의 주제인 '이동'이라는 시점에서 보자면, 하고자 하는 일이 없는 젊은이에게 워킹 홀리데이는 선택지 중 하나가 될 수 있다. 다만 경력으로는 이어지지 않으므로 기대하지 않는 편이 좋다.

일본은 점점 침몰 중이다. 무조건 '해외로 가라'라는 건 아니지만, 당신이 젊다면 현상 유지만 이어 가는 건 매우 아깝다.

쇠퇴하는 일본에 머무르는 건 아까운 일이다

오늘날의 이동은 매우 간단해졌다!

일본인 대다수가 회사원이고, 학생들도 회사원을 목표로 한다니 신기한 일이 아닐 수 없다.

'이동'이 이렇게나 쉬워진 시대도 없으므로 나는 입이 아프게 '이동'하길 권한다. 아무튼 '이동'하는 것에 가치가 있다. 목적은 상관없다. 우선 '이동'부터 해라.

각성하기 위한 첫걸음이 바로 '이동'이다.

해외여행을 예로 들어 보자. 내가 20대였을 때에는 해외에 가려면 우선 시내에 있는 여행사부터 가야 했다(여행사도 어디에 가야 좋을지 몰라서 당시에는 『AB-ROAD』라는 잡지에 광고가 실린 여행사에 가는 수밖에 없었다). 거기서 항공권 문의를 하고 괜찮다 싶으면 구입 절차를 밟았다.

그런데 오늘날은 인터넷으로 검색해서 그 자리에서 바로 티켓을 구매할 수 있다. 상황에 따라서는 당일에 출발해서 그날 바로 해외에 있는 것도 가능하다. 설령 묵을 호텔을 정하지 못했더라도, 그냥 호텔 예약 사이트를 검색해서 예약만 하면 된다.

옛날 같았으면 호텔도 여행사를 통해서 예약해야만 했다. 묵을 곳을 정하지 않고 현지에 도착하면 전화번호부를 뒤져서 전화하여 예약을 넣는 수밖에 없었다.

그러면 당연히 영어가 필수여야 했지만, 요즘 호텔 예약 사이트는 대체로 일본어 예약도 된다.

해외만이 아니라 국내도 점점 이동하기 쉬워지고 있다. 해외와 마찬가지로 항공권 구입도 간단해졌고, 도쿄에서 오사카로 가는 신칸센 열차는 5~10분에 한 대 정도의 빈도로 출발한다.

내가 강조하고 싶은 건 가격이 아닌 티켓 구입이 인터넷 덕분에 매우 쉬워졌다는 점이다. 스마트폰만 이용하면 언제 어디서든 입수 가능하다.

특히 국내 이동은 가격보다 이 스마트폰에 의한 변화가 클 것이다. 내가 이용하는 JR 도카이 앱에서는 스마트폰으로 예약을 하면 티켓 발권을 할 필요 없이 스마트폰을 들고 그대로 개찰구를 통과하여 차량에 오를 수 있다.

예를 들어서 오사카의 호텔을 나와 신칸센 열차 역인 신오사카 역으로 향하는 택시 안에서 티켓을 사면, 그 역에서 신칸센을 기다리지 않고 바로 탈 수 있다. 시간을 중시하고픈 성급한 나한테는 아주 고마운 서비스다.

목적은 없어도 된다! 아무튼 이동하는 데 가치가 있다!

차량 공유 서비스의 앞날은?

아마도 앞으로 일본에서도 우버 등의 차량 공유 서비스가 인정

받게 될 것이다.

지금은 택시 업계의 저항도 있어서 쉽게 침투하지 못하는 상황이지만, 택시 운전기사의 고령화, 외국인 관광객 급증으로 우버와 같은 차량 공유 서비스가 보급되는 방향으로 나아가리라 예상된다.

미국에 가면 우버나 리프트 같은 차량 공유 서비스 없이는 생활할 수 없다. 그리고 이런 교통수단 덕분에 미국 생활을 더 편안히 즐길 수 있다.

미국은 차량 중심의 사회여서 렌터카라도 빌리지 않는 한 갈 곳도 한정적이다. 그러나 차량 공유 서비스 덕분에 이동이 매우 편리해졌다.

특히 일본의 지방만이라도 좋으니 빨리 이를 보급하면 좋겠다. 지방에 가면 택시가 아예 다니지 않을 때가 많기 때문이다. 지방도 차량 중심 사회이니 차량 공유 서비스가 보급되면 차와 시간이 남는 사람의 수입원도 될 수 있고, 관광업이 더욱 활성화할 것이다.

차량 공유 서비스를 통한 이동이 편해진다

'세계 최강의 여권'을 철저히 활용하자

이동 그 자체가 편리해지고, 간단해지고 있다. 일본에서는 심야 고속버스도 좋은 치안 덕분에 운행된다. 일본을 제외한 다른 나라에서는 여자 혼자 심야 버스에 탈 때 위험할 수 있다.

전에 살았던 샌프란시스코에서는 남자인 나도 밤에 외출할 수 없었다. 세계의 인터넷 업계를 견인하는 유명 기업이 있고, 집세도 미국에서 제일 비싼 지역임에도 말이다.

실제로 내가 운영하는 커뮤니티의 청년들이 샌프란시스코에 왔을 때, 젊은 혈기로 한밤중에 외출했다가 바로 시비가 붙고 말았다. 다행히 큰일은 벌어지지 않았지만, 그런 사건은 일반적이라 할 만큼 비일비재하다.

다만 일본도 앞으로 치안이 악화할 수 있다. 서양과 마찬가지로 변화될 가능성이 크다.

그뿐만 아니라 앞서 언급한 것처럼 일본의 임금은 세계적으로 봐도 낮은 편이어서 뛰어난 인재가 이민을 올 것이라 보기는 어렵다. 이래서는 인구가 감소하여 부족해진 노동력을 외국인이 메우게 되는데, 질 나쁜 외국인만 이민을 오게 될 가능성도 커진다.

다만 이건 어디까지나 미래의 일이고, 지금은 세계에서 제일 치안이 좋다고 할 만하다.

치안만이 아니라 일본인은 더 큰 혜택도 누리고 있다. 바로 일본의 여권이다. 2024년에 헨리 앤드 파트너스사가 발표한 글로벌 여권 랭킹에 의하면 일본의 여권 순위는 1위다. 2023년은 3위였지만 다시 1위로 올라섰다.

여권을 가지고 있으면 비자가 없어도 194개국을 갈 수 있으니[7] 참 운이 좋은 일이다. 앞서 말했듯 스마트폰으로 항공권을 구입하고 바로 해외로 나갈 수 있는 것도 비자 없이 입국 가능한 나라가 많은 까닭이다. 만약 비자가 필요하다면 각국의 대사관에 가서 시간을 들여 비자를 발급받아야 한다.

일본인이고 일본에 사는 것만으로도 이런 혜택을 받을 수 있으니, 이동도 안 하고 썩히기는 아깝다. 참고로 여권 랭킹의 최하위는 아프가니스탄이었다. 비자 없이 갈 수 있는 나라는 28개국밖에 없다.

이처럼 최강이라고 할 만한 일본의 여권이지만, 안타깝게도 일본인의 여권 보유율은 17퍼센트라고 한다.[8] 10명 중 1.7명만 여권을 가지고 있다는 뜻이다.

다른 나라, 예를 들어 미국은 약 50퍼센트의 보유율인 것에 비해 일본은 너무 적다. 이는 상당히 안타까운 일이지만, 실제로 미국에서는 일본인의 감소를 이유로 들 때가 많다. 유학생의 수도 격감했다는 이야기는 아주 유명하다.

샌프란시스코 등에서는 아시아인의 비율이 상당히 높음에도, 일본인은 좀처럼 만날 수 없다. 집세가 너무 비싸서 그곳에 머물

---

[7] 2025년 기준으로 한국은 비자 없이 192개국을 방문할 수 있으며, 여권 순위는 공동 3위이다
[8] 한국의 여권 보유율은 2025년 기준 60%로, 5명 중 3명이 여권을 가지고 있는 셈이다

며 살 수 없다는 것도 이유겠지만, 관광하러 온 일본인도 적은 것처럼 느껴진다.

다만 착각은 하지 마라. 나는 흔히 말하는 '해외=자유'라는 식의 인스타그래머처럼 되라는 뜻이 아니라 그저 열심히 이동하라는 것뿐이다. 극단적으로 보자면 관광은 아예 안 해도 된다고 생각한다.

일부가 생각하는 '해외=자유'라는 개념은 그 자체만으로도 진부한 것이며, 그런 것을 동경하는 시점에서 이미 좁은 시야를 가졌음이 드러나고 만다.

해외에 사는 일본인도 있고, 그들에게 해외로 나가는 것은 일상다반사다.

'해외=자유'라고 생각하는 것이야말로 얼마나 이동을 하지 않고 살았는지의 증거다.

따라서 최강의 여권을 당장 발급받아 이동하자. 나는 내 커뮤니티에 들어온 사람에게 제일 먼저 여권을 갖고 있는지 묻고, 가지고 있지 않으면 '내일 바로 여권 발급받아 오세요!'라고 말한다.

당신도 세계 제일의 여권의 혜택을 마음껏 누려라

젊은 시절에 어디에서든 살아갈 힘을 기르는 것의 장점

나는 젊은이들은 어디에서든 살아갈 힘을 길러야 이상적이라고 생각한다. 안타깝게도 워킹 홀리데이는 현지인들 눈으로 보면 이용하기 좋은 노동력에 불과하다. 그렇기 때문에 현지의 대학이나 대학원에 유학할 수 있는 사람을 많이 배출하고 싶다.

더 큰 이상을 말하자면, 중학생부터 유학할 수 있으면 좋겠다. 그렇게 해서 해외의 대학 입학을 목표로 한다. 요즘은 보딩 스쿨(기숙사제 학교)이나 국제 학교에 자녀를 보내는 일본인도 늘어나는 추세다.

나는 아이를 미국에서 키우고 명문교에 다니게 해서, 주변 사람들의 문의를 많이 받는다.

내가 꼭 하고 싶은 말은 '어쨌든 간에 부모가 정보를 많이 입수하자'다.

나는 해외의 최첨단 교육 사정에 대해 잘 아는 스탠퍼드 온라인 하이스쿨의 호시 도모히로 교장 선생님의 책과 콘텐츠 프로듀스 업무도 맡고 있다.

어린이는 중학생 때부터 유학을 보내자

'시간이 없다'는 말은 변명밖에 안 된다

이처럼 '이동해라' '열심히 이동해라'라고 하면 꼭 '그럴 시간이 없다'라는 대답이 나온다. 아무리 이동이 '편해졌다'라고 해도 시간이 없으면 힘들다며 말이다.

물론 시간 확보는 필요하다. 다만 거론하고 싶은 이동의 장점에는 유용한 시간 활용도 포함되어 있다.

나는 오히려 이동 덕분에 일이 더 잘된다. 내 업무는 스마트폰이나 PC만 있으면 기본적으로 어디에서든 처리할 수 있기 때문이다. 거기에 인터넷 환경까지 갖춰지면 더 좋다. 오히려 요즘은 인터넷 연결이 안 되는 곳이 더 적다.

실제로 나는 도쿄에서 오사카로 갈 때 시간이 걸리는 고다마나 히카리 열차[9]를 타고 갈 때도 있다. 좌석이 한산한 데다가 승차 시간도 길어서 일이 잘된다.

해외로 나갈 때 비즈니스 클래스로 예약하면 100만 엔 이상 돈이 들기도 하지만 일이 잘되니 그리 비싼 것도 아니다. 나는 이코노미석도 괜찮지만, 예를 들어 원고 집필 등을 할 때는 일부러 비즈니스 클래스에 탄다. 공간이 쾌적한 것에 더해 돈을 아까워하는 나는 '본전을 다 뽑아야지'라며 더 의욕을 내기 때문이다.

이동하면서 일하면 진척이 빠르다

---

9) 일본 고속철도 신칸센의 운행 등급 중 하나로 고다마, 히카리, 노조미가 있다. 고다마가 제일 느리고 히카리는 고다마 다음으로 빠르다

원격 근무, 긱 워크의 매력

그러나 이동하면서 일할 수 있는 것도 원격 근무가 허용되기 때문이다. 팬데믹 덕분에 많은 기업이 원격 근무를 인정하게 된 이유도 크다. 우리 회사 직원도 입사 2년 차부터는 원격 근무가 가능해서, 지방에 살며 일하는 사람도 있다.

스마트폰이나 컴퓨터만 있으면 할 수 있는 일이라면 이제 해외에서도 얼마든지 그 업무를 볼 수 있다. 그렇지만 해외에서의 원격 업무를 인정해 주는 기업은 적다. 그렇기에 회사원이 아닌 업무 방식을 취해야 한다.

예전에 나는 『GIG WORK』라는 책을 쓴 적이 있다. 앞으로의 시대는 프로젝트 단위로 일을 해 나가는 선택지를 가져야 한다고 본다. 내 업무 역시 거의 프로젝트 단위로 움직이고 있다.

프로젝트 단위로 하는 업무에는 멤버가 다른 프로젝트에 여러 개 관여할 수 있다는 점과 기간이 정해져 있다는 점, 이렇게 두 가지 매력이 있다.

환경＝인간관계이기도 하므로 늘 똑같은 고정 멤버가 아니라는 것은 이동과 같은 가치를 가지며, 기간이 정해져 있다면 어느 정도 버틸 만도 하다.

물론 이런 업무 방식이 맞지 않는 사람도 있다. 정규직이라는 환경에서 심리적 안전성을 확보해야 진정으로 힘을 발휘하는 사람도 있기 때문이다. 그런 사람은 원격 근무가 허락되는 회사를 선택하는 것이 좋겠다.

앞으로는 프로젝트 단위로 일하는 시대

이동 중 해야 할 두 가지

생산성이라는 단어를 쓰고 싶지는 않지만, 이동 중 생산성을 높이는 연구는 필요하다. 앞서 언급했던 것처럼 이동 중에 할 수 있는 일이 늘어나는 까닭이다.

인생을 풍요롭게 가꾸기 위해서라도 이동 중의 시간을 어떻게 사용해야 하는지가 중요해진다.

나는 대개 데스크 워크는 하지 않는다. 그나마 한다면 책 원고를 쓸 때 카페에 가는 것이 전부다.

사무실은 있지만 그곳에 내 책상은 없고, 집에도 일하기 위한 공간은 따로 없다. 최근에는 다소 긴 문장을 쓰는 것도 스마트폰으로 해결한다. 실제로 스마트폰으로 작품을 쓰는 소설가도 있다. 모든 '꼭 해야 할 일'의 처리는 이동 중에 가능해졌다고 해도 과언이 아니다.

내가 자주 택시를 이용하는 것도 그 시간 동안 일할 수 있기 때문이다.

나는 '이동 중에 무엇을 할까'가 인생을 크게 바꿀 수 있다고 믿는다. 그래서 다음 장에서도 자세히 말하겠지만, 만원 전철을 이용한 출퇴근 및 등하교는 권하고 싶지 않다.

또한 이동 중에 당신이 해야 할 또 하나의 일은 인풋이다. 인풋이라고 하면 감이 잘 오지 않겠지만, 한마디로 이동하면서 정보 수집을 하라는 뜻이다. 독서, 음악 감상, 영화 보기, 자료 읽기 등 뭐든 괜찮다. 다양한 인풋을 모두 이동 시간에 처리해라.

나의 경우, 음악을 들으며 책을 읽는다. 영화는 장시간 이동할 때 한꺼번에 모아서 보는 편이다.

잘 생각해 봐라. 이동 중에 멍하게 시간이 지나기만을 기다리는 사람과 열심히 인풋을 하는 사람 사이에 얼마나 큰 차이가 벌어질 것인지를. 예를 들어, 하루에 2시간 이동하는 사람은 1년에 730시간 인풋을 할 수 있다. 수면 등 하루에 필요한 생활 시간 8시간을 제외한, 그 나머지 시간으로 계산하면 730시간의 인풋은 약 45일 정도가 된다.[10]

이동 시간에 '해야 할 일의 처리'와 '인풋'을 하자

---

10) 8시간의 내역(생활에 필요한 시간) :
　① 잠자는 시간 → 6~7시간　② 목욕, 양치, 옷 갈아입기 등 → 1~2시간
　하루 24시간 — 8시간(생활에 필요한 시간) = 16시간(하루에 쓸 수 있는 시간)
　⇒ 하루 2시간 × 365일 = 730시간
　730시간 ÷ 16시간(하루에 쓸 수 있는 시간) = 약 45일

해상도 높은 지도를 입수하기 위한 인풋

내가 인풋을 중시하는 이유는 우리에게는 인생을 살아가는 데 있어 지도가 필요하기 때문이다.

그럼에도 불구하고 '교육'이라는 이름의 세뇌로 인해 우리는 가짜 지도를 가진 상태다. 한정된 좁은 세계 지도, 부엉기만 해서 알아보기도 힘든 지도 말이다.

그렇다 보니 내가 지금 어디에 있는지 현재 위치도 알 수 없고, 목표라는 목적지를 설정해도 어떻게 나아가야 좋을지 알 수도 없다.

그게 지금 바로 우리가 놓인 환경이다. 그렇기에 나는 우선 인풋부터 철저하게 하라고 주장한다.

다량의 인풋을 통해 지금껏 몰랐던 사실들을 알게 되면 우선 넓은 지도를 손에 넣을 수 있다. 양질의 인풋으로 독해력도 상승하니 지도의 해상도 또한 올라간다.

또한 이러한 인풋을 질과 양 모두로 늘려 감으로써 뇌 속의 정보도 싹 바꿀 수 있다. 지금 당신 눈앞에 펼쳐진 세계는 모두 당신의 뇌라는 필터를 통해 보는 것이기 때문이다.

즉, 뇌의 필터가 잘못되면 보이는 세계도 달라진다는 뜻이다.

당신이 사는 데 따분함을 느낀다면, 보이는 세계가 따분하게만 여겨지는 필터를 갖고 있다는 의미다. 같은 장소에 있지만 사람마다 다른 세상에서 살아간다는 것과 마찬가지다.

　그렇기에 똑같은 도쿄에 사는데도 수억 엔을 버는 사람과 전혀 돈을 못 버는 사람이 동시에 존재하는 것이다. 이건 필터의 차이이며, 돈을 잘 버는 사람은 기회를 포착하는 필터를 가지고 있다는 뜻이다. 이 점이 중요하다.

　이 책의 취지와 조금 다를지도 모르겠으나 '뇌의 필터를 바꾼다', 다시 말해서 뇌 안에 있는 정보를 바꾸는 것만으로 다른 무대로 나아갈 수 있다.

　물리적으로는 똑같은 장소에 있다고 하더라도 인풋을 통해 필터를 바꾼다면 다른 무대에 서 있는 것과 같은 효과가 생긴다.

　따라서 인풋의 질과 양을 변화시키는 것이 인생을 바꾸는 것과 직결된다. 바쁜 현대인에게는 이동 중이야말로 가장 좋은 인풋 시간이라고 할 수 있다.

　　　　　돈 버는 사람의 필터를 갖기 위해 머릿속 정보를 바꾸자

베스트셀러를 읽지 말라! 그럼 무엇을 읽어야 하나?

　'책을 읽어라'라고 말하면 꼭 나오는 질문이 '어떤 책을 읽어야 하나요?'다.

　나는 가능한 자기가 원하는 대로 고르는 게 좋다고 생각한다.

다만 힌트를 주자면, 베스트셀러를 노리던 편집자가 하기에는 모순되는 말이겠지만, 솔직히 베스트셀러를 읽는 것은 권하고 싶지 않다. 이 책 역시 베스트셀러로 만들고 싶은 마음은 굴뚝같지만, 모처럼 이걸 사서 읽는 당신이기에 진실을 말하겠다.

베스트셀러라는 건 많은 사람이 읽는 책이다. 그래서 나쁜 책이라고 말하고 싶은 게 아니다. 인생을 잘 살려면 기타 수많은 이들 속에서 벗어나는 것이 중요하다. 베스트셀러를 읽으면 바로 당신이 그 기타 수많은 이들 중 하나로만 남게 된다.

즉, 내가 하고 싶은 말은 '**베스트셀러를 읽는 게 아니라 베스트셀러 작가가 읽는 책을 읽어라**'다. 베스트셀러 작가뿐 아니라 크리에이터가 읽는 책 역시 추천하고 싶다. 영화감독, 뮤지션, 디자이너 같은 사람들 말이다.

요즘은 여러 베스트셀러 작가나 크리에이터들이 X와 같은 SNS를 하고 있으니 그런 사람을 적극적으로 팔로우해 보자.

국내만이 아니라 해외 인물도 마찬가지다. SNS에는 통역 기능이 탑재되어 있으니 영어를 못해도 괜찮다.

단, 베스트셀러라고 해도 고전은 별개의 문제다. 몇십 년 전의 것, 상황에 따라서는 100년이 넘은 소설이나 철학서, **이런 책들은 오랜 세월 읽힌 것이므로 상당한 가치가 있다고 봐야 한다.** 시대를 초월하여 읽히고 전해진 것에는 인간의 보편성이 담겨 있을 때가 많다.

상상해 봐라. 최근 나온 책 중에서 앞으로 몇십 년이나 계속 읽힐 것이 과연 몇 권이나 될까. 그렇게 생각해 보면 몇십 년 넘게 계속해서 읽히는 책에는 분명 뭔가가 있다.

또한 고전을 읽는 건 매우 어렵지만 그렇기에 유의미하다. 독해력을 기를 수 있기 때문이다. 앞에서도 말했듯, 모호한 지도가 생기는 원인은 독해력의 부재다. 열심히 고전을 읽어 보자.

베스트셀러 작가, 크리에이터가 읽는 책을 봐라

집중력이 없어도 책을 마지막까지 읽는 방법

무엇을 읽을지 알게 됐으면, 다음은 어떻게 읽는지가 궁금해질 것이다.

많은 사람이 평소 독서에 익숙하지 않아 책 한 권을 읽는 데도 고생한다. 여기서 내가 권하고 싶은 것이 바로 '검색'과 '메모'를 적극 활용하는 독서법이다.

우선 책을 읽기로 결심했으면 그 책의 제목, 저자를 검색해 본다. 가능하면 10개 이상의 사이트를 참고해 보자. **책의 내용도 대략 알 수 있고, 저자에게 관심이 생기면 읽고자 하는 의욕도 높아진다.** 이렇게 하면 뇌가 질리지 않아 다소 어려운 책도 쉽게 읽을 수 있게 된다.

그리고 저자에게 관심이 생기면 다른 책을 읽고 싶다는 마음도 생긴다. 점점 독서 범위가 넓어진다. 책에 등장해 관심이 생기게 된 인물, 사건, 장소, 작품 등을 스마트폰에 열심히 메모해 보자. 그리고 그걸 검색해 본다. 이로써 당신의 지식은 점점 깊어지고 관심 범위도 더 넓어져서, 뇌가 지식을 탐욕적으로 갈구한다. 자, 이제 당신은 훌륭한 독서가다.

이 방법을 가르쳐 주면 꼭 '선입견을 가지고 읽으면 아무 의미 없지 않나요?'라는 질문이 튀어나온다. 여기에 대해 나는 '최대의 리스크는 책을 다 읽지 못하는 것이니 선입견이 있든 없든 상관없다'라고 대답한다.

마지막까지 쉽게 읽도록 연구하는 것이 중요하다. 읽기 전에 어느 정도 내용을 파악하면 다소 집중력이 떨어지더라도 마지막까지 읽을 가능성이 커진다.

실제로 내가 독서를 권하고부터 책 읽기를 좋아하게 된 젊은이들을 몇 명이나 봐 왔다.

지금 독서에 관심을 갖지 않는 것은 뇌 사용법의 문제 때문이다. 뇌를 자극하기 위해 '검색'과 '메모'를 적극적으로 활용하자.

'검색'과 '메모'로 뇌를 질리게 하지 말아라

음악을 듣고 추상적 사고를 하게 되는 비결

다음으로 음악이다. 인생에 음악이 과연 필요할까 하는 의문에 있어, 나는 음악이라는 문화가 가진 힘을 아주 높게 평가한다.

제1장에서 적은 것처럼 정착으로 인해 권력이 생기고 전쟁이 발생해 퍼져 나갔다. 마찬가지로 음악은 국경도, 시대도 초월한다.

그러한 특성을 가진 음악을 이해하는 것은 중요하다. 나는 팝 뮤직을 중심으로 듣는데, 그 뿌리는 흑인 음악이다. 록, 재즈, 소울, 힙합 등 음악의 여러 장르 대부분이 흑인 음악에 뿌리를 두고 있다.

나는 1984년부터 서양 음악을 들은 덕분에 다양한 문화를 이해할 수 있었다. 문화를 이해하는 것은 바로 그 역사를 아는 것이다. 그리고 문화를 이해하게 되면 다양한 것에 관심이 생기고 지식이 넓어지는 효과가 생긴다.

더 나아가 뮤지션들의 책까지 읽으면 다면적 지식을 얻어 당신의 세계는 점점 더 넓어지게 될 것이다. 여기서 계속 '뿌리'라는 단어를 썼는데, 나는 뿌리를 따라가는 행위야말로 살아가는 데 아주 중요하다고 본다.

독서할 때 '베스트셀러를 읽는 게 아니라 베스트셀러 작가가 읽는 책을 읽어라'라고 하는 것도 어떤 의미에서 보자면 뿌리를 따라가는 일이다.

뿌리를 따라가다 보면 지식이 어떻게 확장하는지, 어떤 식으로 추구되는지 알 수 있다.

또한 뿌리를 따라가면 추상도 높은 사고력 확립이라는 큰 이득도 얻는다. 록과 소울 같은 장르에서 추상도가 한 단계 올라가면 흑인 음악이 나오는 것처럼, 최대 공약수적으로 사물을 이해할 수 있게 된다.

이게 가능해지면 **사물을 추상도 높게 바라볼 수 있으며, 사물과 현상의 차이를 발견하거나 분류 및 분석할 수 있다.**

좀 더 자세히 말하자면, 나는 일본과 미국을 오가며 생활하기에 일본의 장단점, 미국의 장단점이 눈에 보인다.

만약 어느 한 곳에만 살았다면 아무것도 보이지 않았을 것이다. 일본만이 아니라 미국에서도 살아 본 덕분에 지구 단위로 사물을 볼 수도 있게 됐다.

따라서 뿌리를 탐구하는 것이 중요하다. 특히 음악은 그걸 쉽게 가능하게 해 준다. 그리고 뿌리를 따라가다 보면 대체로 해외 예술가들에게 도달하니 그 또한 이득이다.

이동 중에 독서를 하며 음악을 들을 때, 모국어 가사가 들리면 책에 집중할 수 없다. 책을 읽으며 들을 만한 음악은 외국어로 된 곡이나 가사 없는 것이 좋다.

뿌리를 탐구하는 것이 중요하다

영화는 모든 것이 담긴 '최고의 교재'이다

영화에 관해서도 살펴보자. 인터넷 속도가 빨라지면서 생긴 극적인 변화는 영화를 이동하면서 볼 수 있게 됐다는 점이다. 이건 그야말로 혁명이라고 해도 과언이 아니다.

게다가 넷플릭스, 아마존, 애플 같은 서비스가 차례로 등장하여 이동 중에도 대여나 구매를 해서 바로 영화를 시청할 수도 있다.

나는 중간에 영상이 끊기는 게 싫어서 스트리밍으로 보지 않고 아이패드에 다운로드를 한 다음에 본다. 이건 개인적인 문제지만, 나는 집중력이 부족해서 한 편의 영화를 끊어서 본다. 영화 감상은 스마트폰으로도 가능하고, 책 읽는 것보다 더 편하다.

영화 속에는 음악, 스토리, 패션 등 모든 것이 담겨 있다. 특히 음악과 패션이 들어가 있어서, 그 영화의 무대가 된 시대적 문화를 배울 수 있다는 게 큰 장점이다. 그뿐만 아니라 역사적인 사건을 소재로 한 작품도 많아서 배울 점도 풍부하다.

특히 베트남 전쟁을 다룬 영화가 많은데, 나는 60년대의 문화가 좋아서 그 시대를 그린 음악이나 패션, 소설 등을 많이 알게 됐다.

마침 중학생 때 올리버 스톤 감독의 『플래툰』이 유행하기도 해서 그때 젊은 시절의 로버트 드 니로, 메릴 스트립이 출연하는 마이클 치미노 감독의 『디어 헌터』, 프란시스 포드 코폴라 감독의 『지옥의 묵시록』을 알게 됐다.

『플래툰』에서는 제퍼슨 에어플레인의 〈White Rabbit〉이라는 곡을, 『지옥의 묵시록』에서는 도어즈의 〈The End〉라는 곡을 듣고, 60년대 사이키델릭 록을 접했다. 이를 통해 당시의 플라워 무브먼트flower movement[11]를 이해할 수 있는데, 한때 내가 살던 샌프란시스코야말로 그 중심지였고 재니스 조플린이나 그레이트풀 데드 같은 뮤지션도 배출해서 더욱 관심이 생겼다.

영화를 선택할 때는 감독별로 보거나 배우별로 봐도 좋다. 다만 추천하고 싶은 장르는 있다. 바로 다큐멘터리다. 앞서 소개했던 넷플릭스, 아마존, 애플은 앞에 말한 부분을 잘 갖추고 있다.

영화 감상 방법을 말해 보자면, 독서와 마찬가지로 '검색'과 '메모'를 활용하는 것이 좋다. 꼭 영화도 '검색'과 '메모'를 적극적으로 하면서 감상하자.

문화를 이해하면 학습 의욕이 샘솟는다

이동 중의 아웃풋이 인생을 변화시킨다

어떠한가. 지금까지 이동 중의 인풋에 대해 설명했는데, 인생은 아웃풋 그 자체라는 점도 잊지 않길 바란다.

행동이나 결과 등은 모두 아웃풋이다. 다만 아웃풋은 인풋이

---

[11] 60년대 후반에 샌프란시스코를 중심으로 발생한 'LOVE&PEACE'의 사상 및 움직임

있어야 처음으로 성립한다.

따라서 질 낮은 인풋은 질 낮은 아웃풋을 생성할 뿐이다. 그래서 이 장에서는 인풋에 관해 많이 언급했다.

나중에 자세히 적겠지만, 아웃풋의 하나인 SNS의 정보 게시는 인생을 바꾸는 데 매우 유익하다. 나는 예전부터 정보 게시를 가르쳤고, 많은 사람의 인생이 크게 달라지는 것을 봐 왔다.

SNS는 이동 중에 스마트폰으로 할 수 있는 일이자, 인생을 바꿀 만남을 창출하는 도구라고 할 수 있다. 그걸 잘 활용하기 위해서라도 이동 중 인풋은 필수불가결이다. 양질의 인풋에서 양질의 아웃풋이 생겨나기 때문이다.

그리고 아웃풋이라고 하니 또 한 가지 더. 나는 기본적으로 데스크 워크를 하지 않고 이동 중에 모든 것을 생각한다. 움직이면서 생각하는 편이 좋은 아이디어가 더 잘 떠오르기 때문이다.

편집자 시절에도 제목을 고민할 때 대체로 거리를 걸으며 생각했다. 책상 앞에서 열심히 제목이나 기획을 고심하는 부하를 볼 때마다 종종 '밖에 나갔다 와라' '차라리 파친코 가게라도 다녀와'라고 말하곤 했다.

아이디어라는 아웃풋도 이동 중일 때 더 좋은 게 나올 테니 적극적으로 밖에 나가자.

이 장에서는 이동이 얼마나 쉬워졌는지, 그래서 더 적극적으로 이동하여 이동 중의 시간을 가치 있게 만드는 방법을 설명했다.

다음 장에서는 '이사'에 초점을 맞추고자 한다.

나는 늘 '이사조차 못 하는 사람은 인생을 바꿀 수 없다'라는 말을 할 정도로 그 중요성을 강조한다.

이사야말로 환경을 바꾸는 방법이고, 환경을 바꿈으로써 행동이 달라지며, 행동이 달라져서 결과가 바뀌고, 결과가 바뀌면 인생이 변화하기 때문이다.

질 좋은 인풋에서 질 좋은 아웃풋이 생긴다

제2장 총정리

— '이동'하는 것의 장점은 시간을 유효하게 쓸 수 있다는 점이다.
— '해야 할 일의 처리'와 '인풋'을 이동 중에 한다.
— 대량의 인풋으로 지식이 증가하면 폭넓은 인생 지도가 생긴다.
— 베스트셀러 작가가 읽는 책이나 고전을 읽는다.
— 서양 음악을 들으면 추상적인 사고력을 익힐 수 있다.
— 인풋의 요령은 '검색'과 '메모'다.

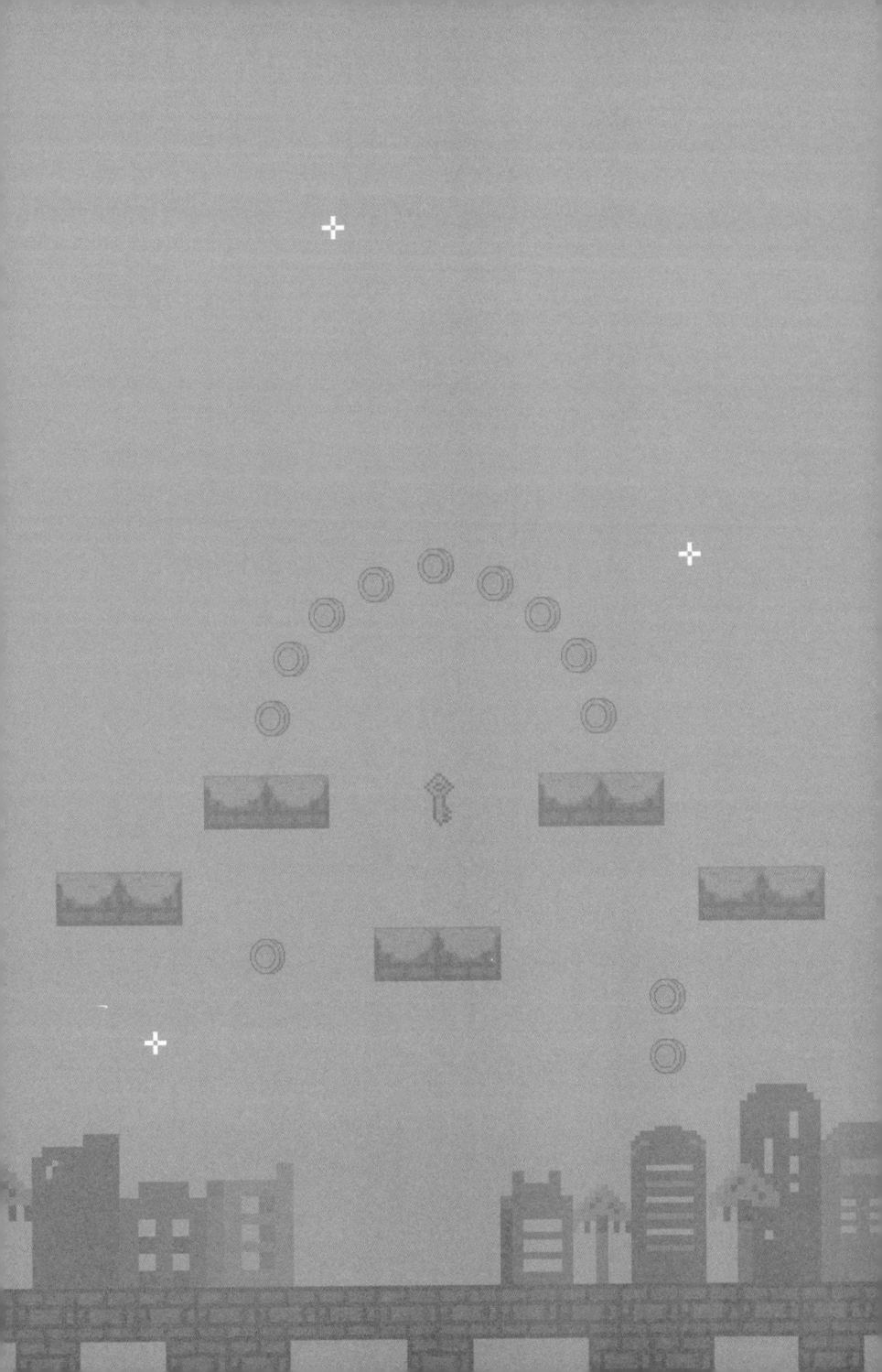

Chapter 3

왜 이동하면 행동력이 오르는가?

사람이 자연히 '움직일' 때의 순서

사람이 행동할 때의 순서

제1장에서는 '이동하지 않는 것'의 단점, 제2장에서는 '이동하기 쉬운 환경'에 대해 설명했다. 이제 제3장부터는 본론으로 들어간다. 나는 **'이사조차 못 하는 사람은 인생을 바꿀 수 없다'**라고 생각하며, 늘 그렇게 말한다. 그 정도로 이사는 인생에 큰 영향을 준다.

인생은 행동이 전부다. 그리고 그 행동을 결정하는 것이 바로 환경이다.

'환경 → 감정 → 행동'

의 순서로 행동이 정해지기 때문에 '이동'을 해서 환경을 바꾸는 것이 우선이다. 그러니 인생을 바꾸는 데 가장 빠르고 효과적인 것은 바로 '이사'다.

애당초 불행의 원인인 '정착'을 인생에서 제거하기 위해서라도 '이사는 당연하다'라는 감각을 가질 필요가 있다. 이 감각을 얻어야만 '언제든 환경을 바꿀 수 있는 나=인생을 바꿀 수 있는 나'라는 개념이 완성되기 때문이다.

그런데 일본 사회는 이사하기 참 어려운 듯하다. 예부터 '동네조리'[12]라는 단어가 존재했듯, 공동체에서 벗어나는 것을 좋게 보지 않아서 쉽사리 그 무리에서 빠져나올 수 없는 사고를 심어 놓는다.

애써 고향을 떠나 도시로 나가도 높은 집세로 인해 자유롭게 돌아다닐 수도 없다. 금전적인 여유가 있다면 좋겠지만 대부분 그렇지도 않다. 좀 더 돈을 벌려면 '이동'이 필요한데도 그 '이동'을 할 수 없게 되어 있다.

이동 → 수입의 순서가 정답인데, **수입 → 이동**으로 강제하는 바람에 좀처럼 정답으로 가는 길을 실현하지 못한다.

이는 내려가려는 에스컬레이터를 타고 위로 올라가려는 것과 똑같은 상황이다. 그래서 대부분 이동까지 도달하는 데 시간이 걸리거나 아니면 도달조차 못 하고 끝나 버리게 된다.

따라서 사람들은 대개 외적 요인이 없는 한 이사는 꿈도 안 꾼다. 임대차 계약 기간이 끝날 때쯤에야 '이사나 갈까?' 하고 이사를 염두에 두는 타이밍이 찾아온다. 지방에 따라 다르겠으나 도

---

12) 동네에서 죄지은 사람을 벌하기 위하여 끌고 돌아다니며 망신을 시키는 일

쿄는 주로 2년 단위로 계약한다.

만약 계약 갱신을 하는 경우에는 갱신료라는 이름으로 집세 한 달분을 내야 하므로, 바로 그 시점에서 많은 사람이 이사를 고려하는 것이다.

그런데 이사를 하더라도 상당한 비용이 든다는 것을 알고, 단념하는 경우도 많다. 매물에 따라 다르겠지만 새롭게 집을 계약하려면 보증금 2개월분, 사례금 2개월분, 중개 수수료 1개월분, 첫 달 집세, 중도 입주분 일할 계산 등으로 대략 집세 6개월분의 초기 비용이 든다.

이 제도가 이사를 더 어렵게 만들었을 것이다. 보증금은 무슨 일이 발생했을 때를 대비해 필요할지도 모르겠지만, 2개월분이나 필요할 정도는 아니고 사례금은 아무 의미도 없다.

실제로 나는 미국에서 임대로 집을 빌려 많이 살아 봤는데, 앞서 언급했듯 임대 부동산 업자가 없으니 중개 수수료도 없고 사례금도 없다. 오직 보증금에 해당하는 디파짓deposit만 있고, 그것도 한 달 치다.

결국은 보증금이나 사례금도 우리를 '이동'하지 못하게끔 하는 악습에 불과하다.

실제로도 간사이 지역에서 많은 임대 주택을 가진 사람은 이렇게 말한다.

"이 지역 1인 가구의 연 평균 수입은 300~350만 엔 정도로, 낼 수 있는 집세는 월 5만 엔대다. 그렇다면 심사를 엄격히 해서 5만 엔대의 집을 수백 개 임대하면 입주율이 제일 안정될 것이다."

바꿔 말하자면, 입주자들은 성실하게 집세를 내는 한편으로 이사할 돈은 없어서 100퍼센트 가까이 계약 갱신을 할 테니 입주율이 안정된다는 뜻이다.

임대주에게는 임대인이 이사해서 빈집이 되면 유지 비용만 나가니 계약 갱신이 제일 효율이 좋다. 이처럼 우리는 임대로 산다고 해도 이동하기 참 어렵다.

사람은 '환경 → 감정 → 행동'의 순서로 움직인다

당신의 선택지를 빼앗고 꼼짝도 못 하게 하는 것

지금까지 임대에 관한 이야기를 했는데, 여기서부터는 내 집에 대해 언급하고자 한다. 우리는 대개 공부해서 좋은 대학에 입학해 좋은 회사에 들어가고 결혼하여 아이를 키우고 내 집을 사는 게 '행복의 레일'이라고 세뇌당한다. 마치 내 집 마련이 최종 목표인 것처럼, 내 집이 서민의 꿈이라는 것처럼 생각한다.

실제로 '내 집 마련이 평생 단 한 번의 가장 큰 구매'라고 한다.

물론 그럴지도 모르지만, 왜 '평생 단 한 번'인지는 알 수가 없다. 게다가 마치 내 집을 사는 것을 '어엿하게 제 몫을 다하는 사람의 증표'처럼 여긴다. 과연 정말로 그럴까?

인생의 풍요로움은 '많은 선택지'에서 나온다. 왜냐하면 사람은 선택지를 잃을 때마다 살아갈 희망을 잃기 때문이다. 아무리 돈이 많아도 평생 감옥에서 살아야 한다면 절망밖에 남지 않을 것이다.

따라서 '많은 선택지'가 중요하다. 그렇게 생각하면 우리가 지금껏 배워 온 '행복의 레일'은 선택지를 줄이는 행위에 불과하다.

가족이 있고, 주택 대출금이 있으면 아무리 괴로운 일이 생겨도 회사를 그만둘 수가 없다. 그렇게 회사원들은 궁지에 내몰린다. 거리를 걸을 때, 스트레스에 짓눌린 듯한 회사원의 모습이 자주 보이는 것도 바로 이 때문일 것이다.

실제로도 미국에서 생활하다가 일본에 온 친구들은 지하철 안에서 회사원이 짜증을 내고 불쾌한 태도를 보이며 남에게 퍽퍽 부딪치며 지나가는 모습을 보고 깜짝 놀라곤 한다.

일본에서는 나와 같은 아저씨 세대가 짜증을 잘 낸다고 한다. 이것도 선택지가 없는 것이 원인이리라.

이제 냉정하게 내 집이라는 것에 대해 생각해 보자. 요즘이야 35년 동안 갚아야 하는 주택 대출이 당연시됐지만[13], 1970년대 후반까지만 해도 이러한 제도는 일반적이지 않았다.

물론 그때까지 일반인들은 좀처럼 내 집을 살 수 없었으니 주택 대출 보급은 내 집 마련에 어느 정도는 도움이 됐을 것이다.

당시의 주택 대출은 경기 부양 대책의 측면도 있었다. 정부는 경기가 안 좋아지면 주택 대출 감세를 시행해 주택 구입을 촉진시킨다. 주택 구매만큼 비싼 소비도 없고 거기에 딸려 가구도 사야 하니 소비가 자극되어 경기가 좋아진다는 계산이었다. 버블 경제 붕괴 이전만 해도 효과가 있었을 것이다.

전후戰後의 베이비붐 세대가 마침 사십 대에 접어들었던, 내 집을 사기에 가장 좋은 타이밍이었다는 점도 버블 경제에 박차를 가했을지도 모른다.

인생을 풍요롭게 하려면 선택지를 늘려야 한다

'이동'을 최우선으로!

이처럼 내 집 신앙은 정부와 기업에 아주 편리한 것이었다. 정부는 경기 부양책으로 활용할 수 있고, 기업은 평생 그만두지 않는

---

13) 일본은 최장 35년의 고정 금리 융자로 내 집 마련을 하는 것이 일반적이다

직원(게다가 불만도 말 안 함)을 꾸준히 고용할 수 있으니 말이다.

그렇다면 당신은 이런 것에 구속되어 살고 싶은가? 절대로 그렇지 않을 것이다.

내 집 신앙과 마찬가지로 또 하나 좋지 않은 것이 '신축' 신앙이다. 일본에서는 유난히 신축 건물에 대한 평가가 높다. 하지만 신축은 거주하는 순간부터 중고가 되어 버린다. 게다가 현물을 보지도 않고 구입하는 건 말도 안 되는 일이다.

그런데도 신축 맨션 구입과는 전혀 상관도 없는 곳의 모델 하우스에 가서, 몇 년 후에나 완성될 것을 미리 사곤 한다.

보지도 않은 것을 사다니 이상한 기분이 들지만, 결국은 신축 신앙 때문에 다른 집을 구매하는 일은 별로 일어나지 않는다. 그래서 전국적으로 공실 문제, 빈집 문제가 심각해진다.

앞에서도 언급했지만, 미국에는 기본적으로 임대 전문 부동산 업자가 없다. 다들 편하게 집을 사고 바꾸니 거리낌 없이 주택을 구입한다. 하지만 이건 신축 신앙이 없고 중고 부동산이라도 가격이 쑥쑥 올라서 가능한 일이다(물론 매물에 따라 다르지만).

따라서 내 집을 가지는 일이 반드시 '정착'과 연결되지는 않는다. 나는 일본의 주택 대출이나 내 집 마련을 부정하는 것이 아니다. 세계를 통틀어 초저금리의 대출이 가능한 일본에서만 얻을 이득도 있는 까닭이다. 그러한 시각으로 훗날 가격이 올라갈 것을 기대할 만한 물건을 사 두는 것도 좋다.

다만 투자 관점 없이 그저 내 집 마련에만 초점을 맞추는 것은 위험하다. 나는 그 결과로 인해 '정착'이 반강제적으로 이루어지는 환경이 과연 좋은 것인지 의문이 든다.

몇 번이나 말하지만 최우선적으로 '이동'을 해야만 그다음으로 인생이 달라지기 때문이다. 인생이 달라졌기에 '이동'하는 것이 아니다. 강조하건대 대전제로서 인생에 가장 중요한 건 '선택지를 늘리는' 일이다.

회사원들이 짜증을 내는 건 선택지가 없기 때문이다. 그렇게 보자면 신축인 내 집을 35년 대출 이자 변제로 구입하는 일은 제정신이 아니다.

투자 목적의 부동산 구입을 부정하지는 않겠다. 세계적으로도 물가가 오르고, 일본도 인플레이션 현상을 겪고 있으니 자산 보전의 의미에서도 부동산은 가능한 선택이다.

다만 일본은 세계 최고 수준으로 인구가 빠르게 감소하고 있으니 애당초 부동산 구매 수요가 있는지의 문제가 남는다. 게다가 구입할 가치가 있다면 그곳은 해외의 부유층이 원하는 주거지나 고급 리조트 정도다.

그걸 반영해서인지 도쿄 도내의 부동산 가격은 한동안 상승세라고 하지만, 이미 서민은 손도 댈 수 없을 정도의 수준까지 와 있다. 화제가 된 적도 있었는데, 방 하나에 200억 엔씩이나 하는 엄청난 금액이 필요하다고 한다.

부동산 구입은 제대로 물건을 보는 눈을 기르고 나서 해야 한다.

이동이 우선이고, 그다음에 인생이 달라진다

캐릭터에 따라 능력이 달라진다

내가 적극적으로 이사를 주장하면 '아이가 있는 사람은 어떻게 하나요?'라는 질문을 받는다. 내 대답은 '그런 것은 신경 쓰지 말아라'이다.

여기서도 문제가 되는 것이 바로 선택지 부족이다. 나는 교육의 문제점 중 하나로 선택지가 극단적으로 적다는 점을 꼽는다.

우리 아버지는 소위 말하는 도시 은행의 은행원이어서 나도 전학을 다녀 본 적이 있지만, 그렇게까지 힘든 적은 없었다(물론 내가 우연히 괜찮았던 것일지도 모르지만). 여기서 내가 하고 싶은 말은 적은 선택지야말로 아이를 불행하게 만드는 게 아닐까다.

선택지가 좀 더 있다면 자살하는 아이도 줄어들지 않을까. 경찰청, 후생노동성[14]의 자살 통계에 의하면 전국 초등학교 및 중학교, 고등학교의 2022년도 아동·학생의 자살자 수는 514명으로,

---

14) 한국의 보건복지부, 고용노동부에 해당하는 일본의 행정 조직

1980년 이후 처음으로 500명을 넘어 과거 최대 수치라고 한다.

요즘이야 대안 학교가 있긴 하지만, 여전히 등교 거부를 나쁘게 보는 경향이 강하다. 나는 미국 교육을 보고 홈스쿨링이 참 좋다고 느꼈다. 학교에 굳이 가지 않아도 되는 데다, 온라인 스쿨[15]도 많아 나와 맞지 않으면 전학도 쉽다. 학년을 올라가거나 내려가는 등의 선택지 또한 많다.

실제로 내 아이는 초등학교는 호놀룰루에서, 중학교는 샌프란시스코, 고등학교는 일본에 살면서 해외 온라인 스쿨에 다녔다.

괴롭힘을 당하거나 선생님과 맞지 않더라도 사실 찾아보면 해결 방법은 있다. 물론 지역적 혹은 경제적으로 유리해야 한다는 게 전제일지도 모르지만 말이다. 그러나 일본의 경우는 오히려 선택지를 없애는 제도가 더 많은 듯하다.

예를 들어서, 일본에서는 학년을 내려가는 게 그리 일반적이지 않다. 당연하지만 어릴 때 1년의 차이는 크다. 4월생과 3월생 사이에는 발달에도 차이가 있다.

생일이 빠른 아이는 어릴 때 '못하는 아이'로 찍히게 되어 열등감을 갖고 자랄 가능성이 크다. 따라서 기업 사장이나 스포츠 선수의 생일이 대체로 4~6월에 많다는 결과도 납득이 된다.

사람은 주변에서 강요한 캐릭터로 살아가므로, 어릴 때부터 '못

---

15) 온라인이나 인터넷을 통해 모든 교육 단계(초·중·고등학교, 대학교 또는 대학원)를 이수하는 것. 상세한 커리큘럼과 방식은 차이가 있으나 비대면 강의 등을 진행하기에 집에서 홈스쿨링을 진행할 수 있다

한다'라는 말을 계속 들으면 정말로 못하는 아이가 되고 만다. 그리고 그 상태로 어른이 된다.

마찬가지로 여성의 경우 '여자는 수학을 못한다'라는 인식으로 세뇌를 받고 있어서, 시험 전에 성별을 선택하게 하면 여학생은 실력 발휘를 못 한다는 결과도 미국에서 보고된 바가 있다.

이처럼 주변에서의 인식이 능력을 제한하고 만다.

게다가 일본에서는 여성이 시험에서 불리한 대우를 받는다는 뉴스가 나올 만큼 성차별이 심각하고 여성의 사회 진출 수준도 낮다. 그러니 여성일수록 해외로 나가는 편이 더 나을 것이라는 생각이 든다.

주변에서 강요한 캐릭터로 인해 능력이 제한된다

어린 시절에 '이동'에 대한 공포를 느끼면 어른이 됐을 때

제일 큰 문제는 일본에서 전학이 아주 허들이 높은 일이라는 점이다. 그래서 어릴 때부터 '이동'에 대한 공포감이 새겨지는 것처럼 보인다.

실제로 일본에서 전학은 좋은 이미지가 아니다. 고등학교 학기 중간에 전학은 거의 불가능에 가깝다. 유급도 용납하지 않는 분위기다.

그러니 부모는 최대한 아이를 전학 가게 하지 않으려 하고, 사회도 그런 풍조를 조장한다. 그렇게 하면 '이동은 좋지 않은 일'이라는 인식만 심어 줄 뿐이다.

이렇게 정신적으로도 전학하기 어려울 뿐만 아니라 물리적으로도 어렵다.

예를 들어서, 사람이 별로 살지 않는 시골에서 태어난 아이라면 아마 학교를 선택하지 못할 것이다. 선택지 자체가 아예 제로다. 집이 가난한 아이도 마찬가지일 것이다.

그럼 도시의 유복한 가정에서 자란 아이는 어떨까. 이런 가정에서 큰 아이는 대학까지 그대로 에스컬레이터식 진학을 하는 사립 부속 학교에 입학할 때가 많다. 그것도 유치원이나 초등학교 때부터 들어가게 된다. 그렇게 되면 대부분은 대학까지 똑같은 학교만 다닌다.[16]

어쩌면 '사립이니까 안 맞으면 그만두고 다른 학교에 입학시험을 보면 될 일 아닌가'라고 생각할지도 모르지만, 그런 학교는 다른 학교 입학시험을 보려면 암묵적으로 시험 전에 다니던 학교를 그만두어야 할 때가 많다.

즉, 다른 학교에 들어가기 위해 시험을 보면 붙든 떨어지든 예전 학교로는 못 돌아간다. 당연히 그런 리스크까지 짊어지며 전학을

---

16) 일본 명문 사학 중에는 유치원에 입학하면 초등학교, 중학교, 고등학교, 대학교까지 일정 성적 이상만 유지하면 별도의 시험을 거치지 않고도 진급할 수 있는 에스컬레이터식 학교가 존재한다

가려는 아이는 적다. 명문 사립교에서도 괴롭힘이 원인이 되는 사건이 벌어지곤 한다. 그렇다 보니 도저히 벗어날 수 없다.

이처럼 우리는 어릴 때부터 정신적으로도, 물리적으로도 '이동은 어렵다'라는 인식을 갖게 된다. 그래서 어른이 되고 나서도 이동할 생각을 아예 하지도 않을뿐더러 그런 마음을 먹는다고 해도 비용이 든다며 이동을 포기한다.

그 결과, 다들 정착을 선택하게 되니 그로 인해 능력 발휘를 하지 못하고 인생의 막을 내리게 된다. 적극적으로 이사를 해서 인생을 바꿔 나가야 한다.

적극적으로 이사해서 '이동은 어렵다'라는 잘못된 믿음을 버려라

귀찮음을 극복하고 15년 동안 꾸준히 이동한 요령

지금까지 이야기했던 이사는 주거지를 한 곳으로 삼는 것이 전제였다. 그런데 지금은 거처를 몇 개나 가진 사람도 많아졌다.

실제로 나 또한 샌프란시스코, 호놀룰루, 도쿄, 교토에 거처를 가지고 있고 이리저리 오가는 생활을 했다. 다지역 거주를 하면 아이를 굳이 전학시키지 않아도 된다.

예를 들어 평일에는 도쿄에 있는 학교에 다니다가 주말에는 시골에서 지내는 것도 가능할 것이며, 그 반대도 얼마든지 된다. 이

다지역 거주라는 방식은 무엇보다 뇌가 기분전환이 되는 느낌이 들어 좋다. 제2장에서 언급했던 것처럼 이동 시간에 집중하는 것도 좋다.

내가 다지역 거주를 하게 된 계기는 동일본 대지진이었는데, 그게 가능해진 것도 비교적 가까운 곳에서 그러한 생활을 하던 사람이 있었던 덕분이다.

편집자 시절에 담당했던 작가 중에는 평일에는 도쿄에서 지내고 주말에는 가족이 있는 지방으로 돌아가는, 컨설턴트 직업을 가진 사람도 몇 명 있었다.

그들 중 나에게 가장 큰 영향을 준 사람은 치과 의사이면서 베스트셀러 작가인 이노우에 히로유키 선생님이다. 이노우에 선생님은 데뷔작부터 내가 담당했던 인연이 있어서, 16년이 넘은 지금도 함께 일하곤 한다.

이노우에 선생님은 홋카이도의 오비히로시市에서 치과를 운영하면서 주말에는 도쿄에서 작가로, 혹은 강연가로 활동한다. 그런 생활을 20년 이상이나 해 온 선생님을 가까이에서 본 덕분에 나도 다지역 거주가 친근하게 느껴졌다.

만약 이 책을 읽고 다지역 거주에 관심이 생겼다면 그런 생활을 하는 사람을 만나러 가 보는 것을 추천한다. 특히 팬데믹 이후에는 많은 경영자가 지방으로 이주해서 전보다 다지역 거주를 하는 사람을 만날 기회가 늘어났을 것이다.

결국 사람은 본인이 현실적으로 느껴야만 실천하므로, 내가 이상적으로 생각하는 삶을 사는 사람을 만나고 곁에 있어 보는 것이 제일 빠른 지름길이 된다. 나도 다지역 거주를 하는 사람이 주변에 있었으니 이렇게 될 수 있었다고 생각한다.

특히 이노우에 선생님은 설령 별 용건도 없고, 몸이 안 좋더라도 주말에는 도쿄로 간다는 루틴을 꼭 지킨다.

사람은 나약하기에 때때로 '귀찮음'을 느낄 때가 있다. 그러면 점점 게으름을 피우게 되고 종국에는 편한 쪽으로 몸을 맡기게 된다. 다지역 거주는 귀찮다며 전혀 이동하지 않게 되는 것이다.

그래도 나는 '어쨌든 이동'하기를 권하므로, 그런 점에서 봐도 나만의 루틴 유지를 중시하는 이노우에 선생님의 삶은 매우 큰 참고가 된다.

'다지역 거주'로 뇌를 기분전환 하게 한다

홈리스 억만장자의 삶

홈리스 억만장자라고 불리는 니콜라스 베르그루엔도 참 재미있는 인물이다.

내가 전에 살았던 샌프란시스코의 포시즌스 호텔 근처에 그가 소유하는 갤러리가 있었는데, 당시 그는 20억 달러(2천억 엔) 이상의 자산이 있고 아카데미상 시상식 전날에는 할리우드의 유명인들도 모이는 호화 파티를 주최할 만큼 부자임에도 2000년대 초기에 모든 호화 저택을 팔아 치우고 집 없이 고급 호텔을 전전하는 생활을 한단다.

각 호텔에 옷도 놔두고 살아서 전용 제트기로 이동할 때도 작은 가방과 휴대전화만 들고 다닌다고 한다. **내가 그의 생활 방식이 재미있다고 느낀 건 재벌이면서도 일부러 그런 삶을 산다는 점 때문이다.**

세계에는 이런 감각으로 사는 사람이 많다. 내 딸이 다니는 학교에도 가족끼리 세계를 돌며 사는 아이가 있었다. 그들도 세계 곳곳에 집이 있고, 그곳을 옮겨 다니며 산다고 한다.

이처럼 미국에는 여러 채의 집을 소유한 사람이 의외로 많다. 물론 돈이 많기도 하지만, 오히려 샌프란시스코에서는 집을 여러 채 소유하지 않는 사람이 더 적을 것 같은 인상을 받을 정도였다.

미국에서는 대학 시절 거의 전 학생이 기숙사에 들어가느라 고향을 떠나기에 정착 의식이 옅은 것일지도 모른다.

지금까지의 내용을 보면 '부자들이니까 그렇지'라고 생각할지도 모르지만, 나는 일본이 더 다지역 거주를 하기 쉽다고 본다. 지방 도시나 시골은 인구가 줄어들고 있고, '지역 소생'을 위한 정부 지원도 잘 갖춰져 있기 때문이다. 이주 지원금이 나오기까지 한다.

실제로 도쿄에서 지방 도시로 이주해서 회사를 차린 사람의 이야기를 들은 적이 있는데, 역시 비용이 적게 든다는 점이 참 매력적이었다. 행정적 지원도 있는 데다 물가도 싸니 다지역 거주가 의외로 간단해진 것만큼은 분명하다.

행정적 지원 덕분에 일본에서도 다지역 거주가 쉬워졌다

지방 이주의 장점은?

앞에서 다지역 거주라는 관점에서 이야기했는데, 나는 아예 지방으로 이주하는 것도 권하고 싶다. 이제는 수도에 살기 때문에 생기는 장점도 많이 사라졌다.

비즈니스 미팅 등도 화상으로 할 때가 많은 데다, 앞서 말했듯 도쿄의 집세는 천정부지로 치솟는 중이다. 맞벌이로 2천만 엔 이상을 벌어들여도 도쿄에서의 생활은 결코 쉽지 않다.

힘들게 맞벌이를 해서 비싼 집세를 내고, 육아로 돈과 시간까지 빼앗긴다. 대체 무엇을 위해 돈을 버는지 알 수 없는 상황이다.

그렇다면 차라리 생활 비용이 적은 지방 이주도 선택지로 넣는 편이 나을 것이다. 물론 젊을 때는 도쿄로 나가는 편이 많은 기회를 얻을 수는 있다.

다만 어느 정도 자리가 잡힌 가정이라면 지방 이주도 괜찮다. 생활 비용이 적게 들고 풍부한 자연환경도 누릴 수 있으니 삶의 질이 높아질 것이다.

특히 내가 있던 출판업계에서는 팬데믹 이후 지방으로 이주하는 사람이 많아졌다. 업무는 온라인으로 다 수행할 수 있기 때문이다.

또한 내 주변에는 교육 이주를 하는 사람도 늘어나는 추세다. 아이가 등교 거부를 하는 타이밍에 이주하기도 하고, 지방에 있는 독특한 학교 입학이 목적이기도 하다.

지방에는 과목이나 시험, 성적표가 없는 학교도 있는데, 그래도 문부과학성에서 학교로 인정한다. 그런 몇몇 학교를 다룬 〈꿈꾸는 초등학교夢みる小学校〉라는 다큐멘터리 영화가 있으니 참고해 보길 바란다.

지방 이주는 삶의 질을 높인다

영어만 할 줄 알아도 압도적인 대우를 받는다

교육 이주를 할 거라면 해외를 추천한다.

허들이 높긴 하지만 해 볼 만한 가치는 있다. 영어를 할 줄 아는 것만으로도 선택지가 늘어난다. 아이의 대학 입시를 보고 느꼈는

데 영어는 일본의 대입 준비를 상당히 유리하게 해 준다.

예를 들어, TOEFL에서 어느 정도의 점수만 받으면 합격할 수 있는 유명 대학도 많다. 내 아이는 만점이어서 따로 시험을 보지 않고 명문대에 붙었다.

교육 이주까지는 어렵다고 해도 자녀의 영어 실력 향상은 선택지를 늘리는 의미에서도 좋다. 예를 들자면 해외의 온라인 스쿨에 들어갈 수도 있으니 말이다.

실제로 내가 책 등을 프로듀스하고 있는 호시 도모히로 씨는 스탠퍼드 온라인 하이스쿨의 교장직을 맡고 있는데, 이곳에는 100여 개의 국가에서 학생들이 들어온다고 한다. 물론 일본에 사는 학생도 있다.

내 아이는 하와이에서 평범한 사립 가톨릭 학교에 다녔는데, 존스 홉킨스대학에서 진행하는 CTY(Center for Talented Youth)라는 영재 교육 프로그램의 멤버가 됨으로써 온라인으로 학습을 진행했다. 그 덕분에, 샌프란시스코 STEM의 중고등학교가 통합된 학교에 입학하고 열두 살 때 SAT(대학 입시를 위해 고등학생이 치는 전국 시험)에서 미국 전역을 통틀어 상위 1퍼센트의 점수를 받았다.

영어를 할 줄 안다면 해외 대학도 선택지에 추가된다. 잘 알려진 일이지만, 일본의 대학은 세계적으로 봤을 때 수준이 낮다. 대학의 세계 순위가 전부는 아니지만, 도쿄대마저도 30위 전후에 위치한다.

자동 번역이라는 기술 덕분에 영어가 굳이 필요하겠느냐는 의견도 있을지 모른다. 앞서 소개한 호시 교장도 말했지만, 영어를 할 때 중요한 것은 좋은 발음과 같은 부차적인 요소가 아닌 토론에 적극적으로 참여할 수 있는지다. 그렇기에 번역기로는 아무런 의미가 없다.

앞으로의 시대는 영어가 필수가 될 것이다. 벌써 몇십 년이나 계속 나오고 있는 말이지만, 일본인은 영어가 서투르다. 세계 최고 수준의 온라인 교육을 받고자 한다면, 어릴 때부터 영어 회화를 배우는 것이 중요해진다.

실제로 6세 정도의 시기에 해외에 온 일본인 어린이 절반 이상은 학교에 적응하지 못하고 끝나는 현실을 봐 왔다.

즉, 6세부터도 늦다. 인터넷 발달로 인해 일본어를 완전히 차단할 수 없기 때문이다. 철저하게 영어 환경에 들어가야 기본적인 영어를 할 줄 알게 된다.

인생과 마찬가지로 교육도 선택지가 많아야 한다(명문대 입학이 전부가 아니다). 무엇을 선택하느냐가 중요한 것이 아니라 선택지를 늘려 가야 한다. 선택지가 없으면 괴롭고 그 결과, 인생이 막다른 길에 내몰린다.

앞으로의 어린이 세대에게 더 많은 선택지를 주는 것이 우리 부모 세대의 역할이다.

그렇기 때문에 이제부터는 영어를 철저히 배워야 한다.

모국어 완성이 되기 전부터 외국어 환경에 노출시키는 것이 좋지 않다는 말이 나오곤 하는데, 미국에서는 2개 국어, 3개 국어를 하는 아이들이 얼마든지 있지만 언어 생활에 전혀 문제가 없다. 만약 문제가 있다면 그건 능력이 없어서다. 능력이 없다면 그건 영어의 문제가 아니다.

만약 당신의 아이가 이미 어느 정도의 나이가 됐다면 해외의 보딩 스쿨(기숙사제 학교)에 보내는 것도 하나의 방법이다. 일본인이 거의 없는 환경에 가면 중학생부터라도 영어 습득이 가능해진다.

영어를 철저히 배워 두면 상당히 유리한 인생을 살 수 있다

어디에서든 일할 수 있는 혜택을 누리자

지금 시대에서는 어떤 식으로도 살 수 있는데, 일본인 대다수는 '정착'에 세뇌되어 가능성을 좁히고만 있다.

나는 어쩌다 보니 미국으로 이주하게 됐지만, 지금 돌이켜보면 아주 좋은 경험이었다고 생각한다.

일본인 중에는 하는 사람도 거의 없고 시간도 들지만, EB5 프로그램[17]을 통해 투자함으로써 그린 카드[18]를 획득하면 이주도 가능하다. 물론 그 이외의 방법도 있다. 미국만이 아니라 다른 나라도 좋다.

싱가포르로 이주해서 사는 사람도 많고, 말레이시아나 태국으로 이주하는 사람들도 늘어나고 있다. 다만 해외 이주는 앞으로 더 어려워질 수 있으므로 빨리 움직이는 편이 낫다.

인터넷이 발달한 덕분에 어디에 살더라도 일할 수 있는 환경이 완성됐으니 거주 방식도 더 다양화되어도 좋을 것이다.

앞서 말한 것처럼 높은 집세, 보증금, 사례금을 내면서까지 자유를 빼앗기는 상황은 바람직하지 않다. 아예 전혀 다른 장소로 이주해 보는 것도 고려해 보자.

다음 장에서는 '이직'에 대해 이야기하고자 한다. 일본에서는 여러 직장을 전전하는 것을 곱게 보지 않는데, 앞으로의 시대에서는 한번에 몇 가지 직업을 가진 자가 살아남게 될 것이 분명하다.

그러면서 어떻게 경력을 쌓을지, 돈은 어떻게 벌어야 좋을지를 설명하겠다.

'정착'에서 탈출해 자유를 되찾자!

---

17) 미국 투자 이민 프로그램으로, 외국인이 미국 경제에 일정 금액을 투자해 최소 10명 이상의 신규 고용을 창출하면 조건부 영주권을 부여하는 제도
18) 유효 기간이 없는 무기한 거주할 권리를 가진 외국인 영주권자용 카드

제3장 총정리

— 행동이 일어나는 순서는 '환경 → 감정 → 행동'
— 정착하면 지배자만 기뻐한다!
— 어린 시절에 새겨진 '이동에 대한 공포'는 어른이 됐을 때 없애자.
— 부자는 다지역 거주를 한다.
— 영어 능력 소유자는 여러 면에서 대우받는다.

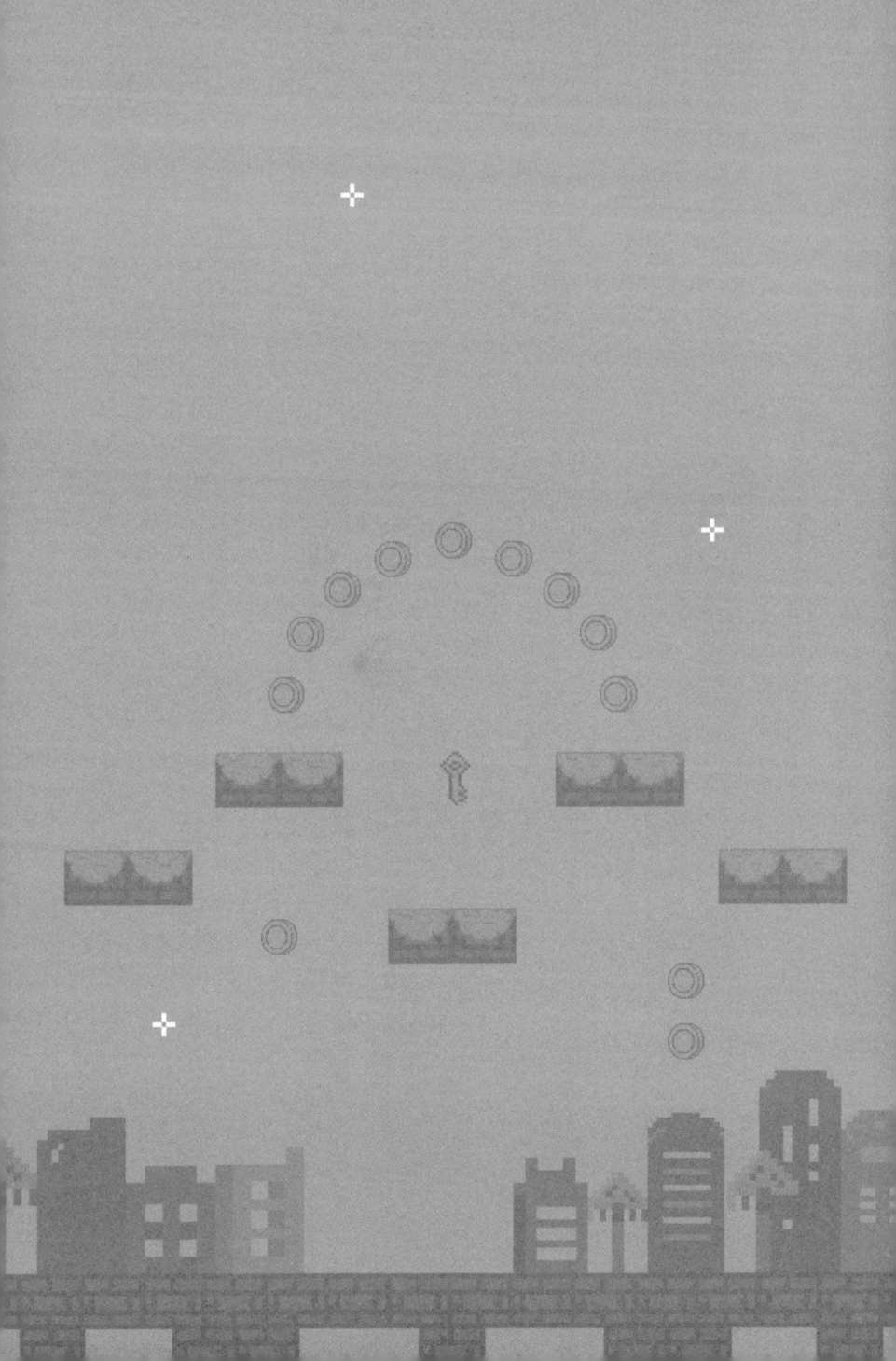

Chapter 4

왜 이동하는 사람은 일거리도, 돈벌이도 늘어나는가?

세 가지 선택지를 자유로이
고르는 사람이 되자!

퇴사야말로 인생 최고의 전략

당신도 이제 '나도 이동하고 싶어!'라는 생각이 들지 않는가. 원래 우리는 이동하고 싶어 하는 생물이니 그렇게 느끼는 것도 당연하다.

그러나 우리는 세뇌당한 결과 정착하고 있다. 그렇지만 이제는 경영자나 권력자의 편리에 따라 우리가 '정착'되고 있음을 알아차렸으니 당장 이동하고 싶다는 마음이 샘솟을 것이다.

그런데 이게 또 쉬운 일이 아니다. 우리는 돈을 벌지 않으면 살아갈 수 없기 때문이다.

엄밀하게 말하자면 돈을 벌지 않아도 살 수는 있다. 예를 들어 기초생활수급비(단, 정해진 주거지가 필요함)를 받으면서 살아가도 되고, 누군가가 부양해 줘도 되고, 집 없이 살아도 된다. 사람에 따라서는 거액의 유산을 받아 생활할 수도 있다.

그렇지만 그런 것까지 따지자면 끝이 없다. 이 장에서는 스스로 돈을 버는 것을 전제로 이야기를 하고자 한다. 아마 이 책을 읽는 사람의 대부분은 회사원일 것이다. 반복해서 말하지만 내가 전하고 싶은 뜻은, '아무튼 회사를 그만두자'라는 것이다. 이 책을 읽고 있다면, 당신도 한 번은 퇴사를 고민해 보지 않았을까.

왜 내가 이렇게 퇴사를 강조하는지 그 이유를 설명해 보겠다.

귀가 따가울 정도로 말했지만, **'선택지 늘리기'는 인생 전략에서 제일 중요하다.**

솔직히 인생에 의미나 가치가 있다고 보지는 않는다. 마르쿠스 가브리엘의 작품 『왜 세계는 존재하지 않는가』에도 나오듯, 각자에게는 대상 영역이 있어서 절대적인 것은 무엇 하나 존재하지 않는다(즉, 시간과 장소에 따라 가치가 달라질 뿐이지 절대적인 것은 없다는 뜻).

다만 사람은 연약하기 때문에 어떠한 가치관을 갖지 않으면 아무것도 판단할 수 없게 된다. 그래서, 신이나 종교를 만들어 내거나 돈을 신봉하기도 한다. 오늘날 영적 분야에서 큰 붐이 일어나는 것도 너무나 예측 불가능한 시대가 된 반동이라고도 할 수 있다.

존 레논이 〈God〉라는 곡 서두에 'God is a concept by which we measure our pain(신은 우리의 아픔을 측정하기 위한 개념에 불과하다)'라는 가사를 넣었듯, 눈에 보이지 않는 것을 믿고자 하는 태도는 우리의 특성일 것이다. 이 곡을 중학생 때 듣고 묘한 공감대를 느낀 기억이 지금도 생생하다.

　마찬가지로 세상은 '행복'이라는 개념을 강요하지만, 그것만큼 수상쩍은 단어도 없다.

　일본에서는 '행복'이라는 이름 아래, 정착이 최대 가치로 인정받는다. 그리고 우리를 정착하게 하여 안정된 직업을 갖게 한다. 파견이나 아르바이트 같은 비정규직보다 정규직 직원이 더 대단하다고 착각하는 사람이 있는 것도 바로 이 때문이다.

　철학자 에릭 호퍼는 '행복을 추구하는 것이 불행의 원인이다'라는 말을 남겼는데, 정말로 그게 맞는 듯하다. 하지만 살아갈 기준은 필요할 테니 나는 '선택지 늘리기'를 기준으로 삼아야 한다고 주장하고 싶다.

행복을 추구하면 불행해진다

회사원에게 주어지지 않는 세 가지 선택지

　'선택지 늘리기'라는 관점에서 볼 때 회사원은 가장 불리한 입장이 된다. '누구와 일할 것인가' '어디서 일할 것인가' '언제 일할 것인가'를 마음대로 정할 수 없기 때문이다.

　일본 사회에서는 '누구와 일할 것인가' '어디서 일할 것인가' '언제 일할 것인가'를 선택하지 못하는 비정상적 상황이 아주 당연시되고 있다.

냉정히 따져 보자면 이 세 가지를 선택할 수 없는 시점에서 이미 인생을 빼앗긴 것과 마찬가지다. 백 보 양보해서 평생을 보장해 준다거나 '높은 월급'을 받는다면 해 볼 만한 거래일지도 모르겠지만 그건 현실적으로 불가능하다.

일본의 독자적인 종신 고용 제도[19]는 붕괴됐고 이제 일본은 극단적으로 싼 급여로 유명하다. 상장 기업에서도 평균 연봉이 200~300만 엔대인 곳이 많다.

게다가 사회 보험료[20]라는 기이한 제도로 인해 회사원의 실수령액은 점점 감소한다. 게다가 어째서인지 사회 보험료는 제멋대로 올려도 된다는 식이다. 그래서 재정난에 빠질 때마다 금액이 오르곤 한다. 연봉이 300만 엔이라면 30퍼센트나 되는 세금을 내게 된다.

그뿐만 아니라 사회 보험료의 대부분은 의료비로 들어간다. 그리고 의료비의 대부분은 고령자를 위해 사용된다. 즉, 현역 세대에게서 사회 보험료라는 이름으로 고령자에게 돈이 흘러간다는 뜻이다.

또한 임금은 최근 30년간 거의 동결 상태다. 파견이나 아르바이트 같은 비정규직 고용은 늘어나고, '회사원=안정'이라는 공식

---

19) 신입사원이 일단 고용되면 특별한 경우를 제외하고 정년까지 그 회사에서 근무하는 것이 보장되는 제도
20) 한국의 4대 보험과 비슷한 개념으로, 평균적으로 월급의 약 14~15%가 사회 보험료로 징수된다

은 완전히 무너져서 이제 오히려 회사원은 안정적이지 않고 더 위험한 상황이다.

나는 '안정 따위는 없다'라고 생각하지만, 안정적으로 살기 위해 회사원으로 사는 사람도 이제는 '**회사원으로 사는 것이 최대 리스크가 되었다**'라는 사실을 빨리 인지해야 한다.

그리고 내가 인생에 있어 가장 중요한 요소로 여기는 '누구와 있는가'라는 부분마저도 자율적인 부분은 하나도 없이 완전히 지배당하고 있으니 참으로 비극이 아닐 수 없다.

우선 회사에 입사하면 상사를 선택할 수 없다. 만약 최악의 상사에게 걸리면 인생은 바로 끔찍한 길로 치닫는다. 상사 때문에 우울증에 걸려서 휴직계를 냈다가 아예 복직하지 못하거나 심한 경우 자살까지 내몰릴 가능성도 있다.

그런 점에서 봐도 회사원이 안정적이지는 않다는 사실을 하루라도 빨리 알아차려야 한다. 사실은 안정은커녕 리스크가 높은 직업이니 말이다.

팬데믹 이후 원격 근무를 비롯하여 유연한 근무 방식을 도입하는 회사도 등장하고 있지만, 아직 일부에 불과하다. 원격 근무가 인정되거나 존경할 만한 상사가 있다면 회사원이라는 직업에도 장점이 존재한다고 말할 수 있겠지만, 그런 회사는 거의 일부에 그친다.

**사람, 장소, 시간의 리스크를
짊어지지 않는 노동 방식이 있음을 알자**

'일한 만큼 임금을 받지 못하는' 구조 속에서는 노력하지 말자

지금까지 이 책을 읽어 보니 어떤 생각이 드는가? '그럼 퇴사하고 독립하자'라고 생각하는 사람도 있겠지만, 대부분은 '독립이야 하면 좋겠지만 뭘 해야 좋을지 모르겠다'라고 느낄 것이다. 물론 그렇게 생각하는 것도 당연하다. 무엇을 해야 좋을지는 일단 나중에 설명하기로 하자.

대체로 '이직'이나 '부업' 같은 발상부터 떠올리기 마련이다. 그러나 나는 반대다.

이직을 한다 해도 회사에 고용된다는 상황은 변하지 않는다. 더구나 일하는 방식은 고를 수 있을지 몰라도 상사는 선택할 수 없다. 본업 외의 부업에는 진심으로 임하는 사람이 거의 없다. 나는 그런 이들을 수없이 봐 왔다.

부업이 잘되는 사람도 있겠지만, 의지가 강한 일부에 국한된 이야기다. **평범한 사람은 의지력을 믿으면 안 된다.** 그러니 이직도, 부업도 손을 대 봤자 다 시간 낭비다.

단, 이직에는 예외가 있다. 업계에서 유명할 정도로 활약하는 경우다. 다른 회사에서 스카우트 제의가 수도 없이 밀려드는 사람이라면 잠시 이직을 반복하다가 몸값이 가장 높아진 타이밍에 독립하는 것도 좋을 것이다.

내 경우, 출판업계에서 제법 매출을 내던 중 다른 회사에서 스카우트 제안을 받았다. 의외로 출판업계는 이렇게 스카우트로 인재를 빼 가는 일이 많은데, 첫 오퍼는 33세 때였고 연봉 1,500만 엔으로 편집장 자리를 제안받았다. 결국 나는 그 오퍼를 거절했고, 소속된 회사와 협상을 해서 성과급 제도로 일하기로 했다.

그 덕분에 수입이 몇 배로 뛰었을 뿐만 아니라 숫자에 대한 의식이 더 강해져서 독립할 타이밍에는 어느 정도 승산이 보이는 형태까지는 됐다.

지금 돌이켜보면 독립하는 타이밍이 3년 정도 늦은 것 같다. 다만 나처럼 운이 좋아서 압도적인 결과를 낼 수 있는 건 아주 예외의 경우다.

그러니 우선은 이직이 아니라 독립을 고려하는 것이 좋다. 결국 독립하지 않으면 '누구와 일할 것인가' '어디서 일할 것인가' '언제 일할 것인가'라는 선택지를 늘릴 수 없기 때문이다. 우선 '독립을 전제로 살아가기'라는 목표를 정하자. 그리고 목표만 정하지 말고 기한도 설정한다.

당연히 각자의 상황이라는 게 있다. 그래도 아무리 늦어도 1년 후에는 독립하겠다고 선언하는 것을 추천한다. 그래야 뇌가 활발히 움직이니 말이다.

'아무 생각 없이 창업을 권하지 마라'라는 의견도 있겠지만, 그런 말을 하는 이들은 대개 고학력이거나 능력이 뛰어나고 현재 만

족하는 수입을 벌거나 이직 시장에서도 몸값이 높은 사람들이다. 평범한 사람이 회사원을 해 봤자 이득은 생기지 않는다.

회사원이 노동과 능력에 맞는 수입을 얻는 것은 불가능하다.

왜냐하면 자본주의 사회에서 자본가는 노동자가 낸 수익의 일부를 노동자에게 급여로 주기 때문이다. 이론상, 노동자가 낸 수익과 동일하거나 혹은 그 이상의 급여를 주는 일은 있을 수 없다.

따라서 급여 이상의 노동을 할 수 있는 사람에게는 회사원이라는 직업이 불리하게 작용한다. 이 이론으로 보자면 회사원으로 살며 이득을 보는 건 급여 이하의 일만 하는 사람이라는 뜻인데, 그런 마인드로 산다면 인생은 절대 달라지지 않는다.

아무리 늦어도 1년 후에는 독립하는 것이 좋다

기술이 없어도 돈을 벌 수 있는 사업은?

우선은 1년 내로 독립하는 것을 목표로 삼자. 어떤 일이든 그렇지만 '결정'을 먼저 하는 것이 중요하다. 우리는 대체로 '정답 찾기'의 교육만 받으니 자꾸만 선택에 시간이 걸린다.

물론 선택형 시험이라면 잘 생각해 보는 편이 낫지만, 인생에서 고민은 시간 낭비일 뿐이다. 선택할 때 정답은 정해지지 않은 상태이니 무엇을 고르든 정답으로 보면 될 일이기 때문이다.

내가 좋아하는 말 중에, '**최선의 선택이 아니라 선택을 최선으로 하자**'라는 말이 있다. 인생을 이렇게 생각하는 게 좋다.

고민하는 시간도 아깝다. 우선 '결정'부터 해라. 그러고 나서 독립하여 창업하겠다고 선언하자.

뇌는 '결정'함으로써 비로소 목표를 향해 기동한다고 봐야 한다.

눈을 감고 '파란색 물체가 몇 개 있었나요?'라는 질문을 받았을 때 주위에 파란색 물체가 몇 개 있었는지 바로 기억할 수 있겠는가. 아무 기억도 나지 않을 것이다. 그러나 다음 순간 눈을 뜨면 바로 파란색 물체가 시야에 들어올 것이다. 이를 '컬러버스 효과'라고 한다. 뇌는 의식한 정보에 눈이 가게끔 변한다. 따라서 '1년 이내에 독립한다'라고 선언하는 행위가 중요하다.

다음으로 내가 어떻게 하고 싶은지가 중요하다.

나는 '무엇을 할까'는 별로 중시하지 않는다. '누구와 일할 것인가' '어디서 일할 것인가' '언제 일할 것인가'를 중요시할 뿐이다. 이 부분을 정하면 할 일은 자연히 정해진다.

그런데 어찌 된 일인지 사람들은 '무엇을 할까'부터 찾으려 한다. 하고자 하는 일이 이미 정해진 사람이야 괜찮지만, 분명 대다수는 그게 명확하지 않을 것이다.

그렇다면 우선 생각해야 할 것은 '어떤 모습으로 있고 싶은가'

다. 그때 '누구와 일할 것인가' '어디서 일할 것인가' '언제 일할 것인가'라는 시점에서 고려해 보는 것이 좋다.

예를 들어 나는 이 세 가지 시점에서 마음껏 골라 보고 싶어서, 콘텐츠 비즈니스를 선택했다. 콘텐츠 비즈니스란 어떤 기술이나 사고법을 전수하고 수강료의 형태로 돈을 버는 방식이다. 특히 이는 팬데믹 이후 더 일반적인 수익창출법이 됐다.

나는 해외에 살고 있기도 해서 당연한 것처럼 온라인 콘텐츠 비즈니스를 했지만, 지금은 누구나 이런 사업이 가능해졌다.

IT 기술이 전혀 없어도 콘텐츠 비즈니스가 가능하다. 전혀 지식이 없는 사람이라도 얼마든지 돈을 벌 수 있다.

최근에는 사람들도 온라인 학습 방식에 익숙해지다 보니 80세 노인이 온라인 코스로 공부를 하기도 한다.

그 결과, 시장이 넓어지고 어디에 살아도 일할 수 있게 됐다. 콘텐츠 비즈니스라면 해외에 있든 지방에 있든 언제든 간에 돈을 벌 수 있다.

시장이 넓어지고 있는 비즈니스를 선택하자

'무엇을 할까?'에 초점을 맞추면 실패한다

각자가 여러 가지 가치관을 가지면 좋지만, 나는 '이동'이 제한

되는 독립이라면 아무런 의미도 없다고 본다. 이 책의 주제부터가 '이동'이기도 하지만, 능력을 각성시킨다는 의미에서도 이동이 매우 중요한 까닭이다.

'어떤 모습으로 있고 싶은가'를 생각할 때 '이동'이 편리한 환경을 의식하길 바란다. 나처럼 '어디에 있어도 상관없다'라는 것도 좋고, 일 자체는 장소를 고르지만 시간적 유연성을 가진 것도 좋다.

시간적 자유가 있으면 여행이든 뭐든 '이동'도 할 수 있기 때문이다. 혹은 다지역 거주라는 형태를 취하는 것도 가능하다. 주 4일은 도시에서 지내고, 주 3일은 어디든 가 보는 것도 좋다.

결국 중요한 것은 '환경'이다. 그러나 많은 사람이 독립을 고려할 때 '무엇을 할까'에 초점을 맞추곤 한다.

'나의 강점은 무엇일까' '내가 하고 싶은 일은 뭘까' '내 적성에 맞는 것은 무엇인가' 같은 사고에 빠지기에 십상이다. 이런 고민을 하다 보면 '독립은 했지만 더 바빠지기만 했다' 같은 결과만 생길 뿐이다.

창업 세미나에서는 '나만의 강점을 찾아보자'와 같은 말을 들을 수 있다. 그러나 그 말대로 따라간다면 과거의 연장선상이나 마찬가지다.

또한 여기서 잊기 쉬운 것이 '모든 것은 환경에서 시작된다'라는 점이다. 그래서 나는 '누구와 있는가' '어디에 있는가'를 철저히 의식했다.

특히 오늘날처럼 새로운 기술이 자꾸만 등장하면 장래에 사라질 직업도 늘어나고 만다. 그뿐만 아니라 평균 수명이 100세 정도 되어 가니 일생에서 여러 가지 직업을 가지는 것도 당연한 일이 된다.

그렇다면 여러 가지 일을 할 수 있는 것보다 여러 가지에 대응할 수 있는 사람이 되어야 한다. 현대에서는 한 가지 일만 할 줄 알면, 돈도 벌지 못하게 된다. 따라서 평소에 이동을 의식함으로써 변화에 잘 대응할 줄 아는 사람으로 변해야 한다.

사람은 환경에 적응하는 생물이니, 항상 좋은 환경에 있으면 반드시 좋은 결과가 나온다. '무엇'을 할 것이냐가 아니라 당신이 있는 '환경'을 철저히 의식하자. 그것만 확실히 하면 인생은 술술 풀린다.

앞으로는 '변화에 잘 대응하는 사람'이 살아남는다

내가 콘텐츠 비즈니스를 권하는 이유

그럼 구체적으로 어떤 비즈니스를 하는 것이 좋을까.

내가 강력히 추천하는 것이 바로 콘텐츠 비즈니스다. 콘텐츠란 다양한 미디어를 통해 전송할 수 있는 정보로 영화와 음악, 소설이 포함된다. 방법을 가르쳐 주는 내용이라면 반려견 교육 동영상도 콘텐츠가 된다. 세미나도 콘텐츠다. 즉, 이러한 콘텐츠를 돈으로 바꾸는 것이 콘텐츠 비즈니스라고 할 수 있다.

이해하기 쉬운 예를 들자면, 유튜버나 블로거 또한 콘텐츠 비즈니스 업자다. 콘텐츠 그 자체를 판매하는 경우도 있고, 유튜버나 블로거처럼 광고 수입(주로 성과 보수형 광고[21] 수입)을 얻는 경우도 있다. 유튜버나 블로거의 주 수익원은 매출이나 광고 수입이다.

실제로 그들 중에는 한 해에 수억 엔을 벌어들이는 사람도 몇이나 된다. 해외까지 따지자면 수십억 엔을 버는 사람도 있다.

내가 강조하고 싶은 것은 콘텐츠 비즈니스는 잘나가는 연예인을 뛰어넘을 정도로 돈을 잘 벌 수 있는 데다 점점 커지는 시장이라는 점이다. 뭐든 그렇지만, 커지는 시장에서 승부를 보는 편이 성공 가능성도 높아진다.

이걸 읽고 '그 사람들은 유명인이잖아요'라는 생각을 하기 쉽겠지만, 유튜버나 블로거의 대다수는 사실 유명하지도 않다. 월수입 100만 엔 수준임에도 아예 아무한테도 알려지지 않을 때도 많다. 그러니 누구라도 할 만한 일이라고 단언할 수 있다.

**이름이 전혀 알려지지 않아도
월수입으로 100만 엔을 버는 사람은 많다**

---

[21] 광고를 자신의 웹사이트나 블로그 등에 올린 후, 해당 물품이나 서비스가 판매될 때마다 보수를 받는 광고

70대라도 수익을 낼 수 있는 콘텐츠 비즈니스

이런 콘텐츠 비즈니스는 '크리에이터 이코노미'라고 불리는 분야에 해당하며, 시장 규모는 매년 증가하고 있다.

일반 사단법인 크리에이터 이코노미 협회의 조사에 의하면, 2022년의 일본 국내 크리에이터 이코노미 시장 규모는 1조 6,552억 엔으로 추산되며 전년도의 1조 3,574억 엔보다 21.9퍼센트의 성장세를 보였다고 한다.

팬데믹에 의해 온라인 콘텐츠 소비가 당연해졌다. 무엇보다 누구나 콘텐츠를 제작하고 판매할 수 있는 인프라가 구축된 영향이 크다.

극단적으로 말하자면 스마트폰으로 라이브 방송을 해서 돈을 벌 수도 있다. 이렇게 하면 특별한 기자재도 필요 없다. 특별한 기술 역시 필요 없다. 그리고 곧바로 시작할 수 있다.

이처럼 시장 규모가 확대되고 진입 장벽이 낮아짐으로써 누구나 창업이 가능해졌다. 그렇지만 아직 이렇게 하는 사람은 일부에 불과하다. 그렇다면 한시라도 빨리 진입하는 편이 좋다.

이 책의 독자 중에 나이가 많다며 단념하려는 사람이 있을지도 모르지만, 오히려 경험이 많은 사람일수록 유리하다. 그뿐만 아니라 기술적인 능력도 거의 필요치 않다. 실제로도 내가 콘텐츠 비즈니스를 가르친 70대도 돈을 벌고 있다.

하는 사람이 적으니 빨리 발을 들이자

일본인은 영어를 못해서 영원한 버블 상태

이처럼 콘텐츠 비즈니스는 누구나 할 수 있고 규모가 커지고 있는 시장임은 분명하나, 그 이상으로 내가 추천하는 이유가 있다. 그건 바로, '일본인은 영어를 못한다'라는 이유 때문이다. 아니, '너무 못한다'라고 해도 좋을 것이다. 그래서 일본의 콘텐츠 비즈니스 시장은 '영원한 버블' 상태라고도 할 만하다.

이는 내가 편집자 시절부터 느꼈던 점으로, 비즈니스 분야의 베스트셀러는 미국에서 번역된 서적이거나 영어를 잘하는 사람이 저자이거나 하는 등 상당 부분 영어권 콘텐츠의 영향을 받았다.

냉정히 따져 보면, 이건 일본인이 영어를 잘한다면 성립되지 못한다.

비즈니스 서적은 아니지만, 매우 쉬운 예를 들자면 『해리 포터』가 있다. 당연하지만 일본인 대부분이 영어를 잘했다면 일본어 번역판은 팔리지 않았을 것이다. 그런데 일본인 대다수가 영어를 못하다 보니 일본어판 번역가와 출판사는 엄청난 돈을 계속 벌어들이고 있다.

잘 생각해 보면 알 수 있겠지만, 일본은 인구가 1억 명 이상이고 스마트폰이 침투해 있어서 세계적으로 보자면 유복한 국가에 속한다. 그러나 이런 나라임에도 많은 사람이 특수한 일본어라는 언어밖에 할 줄 모른다.

따라서 외국인도 이 시장을 점령하기 어렵다. 이런 조건 때문에 일본어 콘텐츠 비즈니스는 '영원한 버블' 상태가 한동안 이어진다고 이해해야 한다.

해외 세력이 공략하기 힘든 상황을 이용한다

교육 사업의 단점은 제로

지금까지 '누구나 할 수 있다' '규모가 커지는 시장' '영원한 버블'이라는 이야기를 했는데, 그래도 당신은 '내가 그런 걸 어떻게 하겠어?'라고 생각할지도 모른다.

하지만 걱정하지 않아도 된다. 인기 유튜버 같은 종류는 당연히 허들이 높다. 엔터테인먼트 분야에서 승부를 보려는 건 나도 권장하고 싶지 않다. 이 분야는 재능이 필요하다. 따라서 내가 권하고 싶은 분야는 바로 '교육'이다.

'뭐, 교육이라고?' 하는 의문이 들겠지만, **나름대로 인생을 살아왔다면 누구든 '남에게 가르칠 것은 있다'라고 단언할 수 있다.**

예를 들어서 나는 전직 편집자였던 경력이 있어서 기획서 짜는 법, 문장 쓰는 법, 출판 방법 등을 가르쳐 주는 일은 그리 어렵지 않다. 이직도 많이 해 봐서 그 방법을 알려 줄 수도 있다. 집에서만 생활하는 니트족이라면 즐거운 니트족 생활법을 알려 줘도 좋다.

'정말 그런 게 팔리긴 할까?'라는 생각이 들지도 모르나, 도전해 본다 해도 나쁠 것도 없다. 유튜브나 블로그 같은 온갖 플랫폼이 무료인 까닭이다.

그뿐만 아니라 요즘에는 강좌를 판매하는 사이트, 시간을 파는 사이트도 있다. 강좌나 시간을 판다 해도 내 비용이 드는 것은 아니다. 그러니 시도해 볼 만한 가치는 있다.

스토아카ストアカ라는 사이트에서는 강좌를 팔 수 있다. 여기서 패션 코디네이트 강좌를 하는 한 여성은 1년에 800만 엔의 매출을 낸다고 한다.

타임 티켓タイムチケット이라는 사이트에서는 시간 판매가 가능하다. '패션 관련 쇼핑에 동행하는 데 1시간당 5천 엔 받습니다'라는 식으로 시간을 판매할 수 있다. 혹은 상대방의 이야기를 들어주기만 해도 1시간에 몇천 엔을 받을 수 있다.

그렇지만 나는 무엇인가를 가르치는 것을 더 권하고 싶다. 교육 콘텐츠를 충분히 축적해서 온라인상에서 진행해 나가는 것이 '이동'을 위해서도 좋다. 그 첫걸음으로서 강좌 개설부터 시작해 동영상을 업로드하는 것도 효과적일 것이다.

교육 콘텐츠는 엔터테인먼트 계열 콘텐츠와 달리 늘 같은 고민이나 문제를 가진 사람이 존재하다 보니 자산화하기 쉽다.

그래도 아직 '나는 가르칠 게 없다'라는 사람은 타인의 콘텐츠를 판매하는 것부터 시작해도 좋다. 소위 '성과 보수형 광고'가 되는데, 타인의 콘텐츠를 SNS 등에서 소개하고 판매하여 광고료를 받는 것이다.

실은 내 일도 타인을 소개하면서 성립되니 근본적으로는 모두 동일하다. 내 경우, 재미있는 콘텐츠를 만들 만한 사람을 만나면 책을 기획해서 출판하거나 온라인 콘텐츠를 만들어서 판매하곤 한다.

이와 같은 것은 '프로듀스 사업'이 되는데, 재미있는 사람을 소개하는 의미에서 보자면 구조는 같다. 그리고 의외로 잘 알려지지 않은 부분인데, 콘텐츠 비즈니스로 활약하는 사람 중에는 예전에 성과 보수형 광고 일을 한 사람이 많다.

판매 능력을 갖춘 후에 자신의 콘텐츠를 판매하면 성공률이 훌쩍 높아진다.

가르칠 게 없는 사람은 소개해서 돈을 벌면 된다

전자책은 자산이 된다

교육 콘텐츠가 자산이 되기 쉽다는 이야기를 했는데, 전자책 출판 역시 매우 좋다. 전자책은 내가 직접 온라인 배포도 할 수 있기 때문이다. 아마존 Kindle에서 판매함으로써 아마존이라는 거대 시장에 당신의 콘텐츠를 들여놓을 수 있다.

나는 출판업계 출신이고 미국에 산 적도 있어서 아마존의 동향을 잘 아는 편이라 전자책의 가능성을 일찍 알아차렸다.

그래서 2014년부터 2년간 매월 출판을 시도한 결과, 전자책이 자산이 될 수 있음을 실감했다. 그 당시는 매월 출간했기 때문에 한 달에 수십만 엔의 수입이 들어왔다.

그런데 지금도 여전히 매월 수익이 생긴다. 예를 들어 연간 50만 엔이라고 해도 정기예금으로 따지면 수천만 엔의 이자에 해당한다. 참으로 훌륭한 자산이다.

전자책으로 총 1천만 엔 이상의 수익을 냈을 뿐 아니라 전자책을 만드는 강좌를 함으로써 지금까지 5억 엔 이상은 벌었다.

여기서도 소설이나 엔터테인먼트 계열이 아니라 교육 콘텐츠를 추천하고 싶다. 대체로 사람은 문제가 일어났을 때, 고민이 생겼을 때 검색하다가 콘텐츠를 접하기 때문이다. 교육 콘텐츠는 강사나 저자의 지명도보다 주제로 팔리므로 초보자라도 판매가 쉽다.

또한 전자책과는 다르지만 note나 Udemy 같은 플랫폼도 괜찮다. note는 블로그처럼 쓰고 게시글을 기사 단위로 판매할 수 있다. 예를 들어서 유튜브로 돈 버는 방법이라는 기사를 쓰면 그걸 수천 엔에 팔 수 있다. Udemy는 동영상으로 교육 콘텐츠를 올리는 세계적 플랫폼이다.

정리해 보자면, 콘텐츠 비즈니스를 시작하되 특히 그중에서도 교육 콘텐츠를 선택한다. 그렇게 하면 정보를 자산화할 수 있어서 나의 '이동'이 매우 자유로워진다.

교육 콘텐츠는 한번 만들면 영원히 돈을 벌 수 있고, 매일같이 콘텐츠를 업로드할 필요가 없으니 더 추천할 만하다.

극단적으로 말해서, 물가가 싼 나라에서 산다면 한 달에 수만 엔만 벌어도 살 수 있으니, 그런 삶을 살고자 하는 사람이 있다면 교육 콘텐츠는 상당히 현실적이다.

교육 콘텐츠는 한번 올리면 영원히 돈을 벌어다 준다

세계적으로 '이동하면서 일하는 사람'이 증가하고 있다!

여기까지 읽었으니 이제 당신도 독립해서 이동해 나가는 인생을 고려해 보고 있지 않을까. 실제로 이런 삶을 시작한 사람이 세계적으로도 많이 증가하고 있다.

최근 자주 듣는 '코워킹 스페이스'도 원격 근무가 가능해진 결과다. 사무실이 아닌 다른 곳에서도 일할 수 있는 원격 근무가 가능해지면서 수많은 '코워킹 스페이스' 서비스가 등장했다.

'코워킹 스페이스'에서는 책상, 개별실, 회의실 등을 빌릴 수 있다. 세계 곳곳에 이런 장소가 마련되어 있어서, 이동하면서 일하는 사람에게는 매우 편리하다.

한때 '노마드 워커' 같은 말이 유행했지만, 그때는 주로 카페에서 일하는 이미지가 강했다면 지금은 '코워킹 스페이스'가 주류가 된 듯하다. 물론 카페보다 비용이 많이 들긴 하지만 비즈니스를 하는 데 필요한 비품이 모두 갖춰져 있고, 앞서 말했던 것처럼 만남이 있다는 점도 최대의 장점이다.

우리 회사에서도 사무실 근처에 코워킹 스페이스를 빌리고 있다. 직원이 기분전환을 하고 싶을 때, 혼자 집중하고 싶을 때, 회의실을 쓰고 싶을 때 자유롭게 이용하게끔 한다.

또한 롯폰기에 있는 '책을 만나기 위한 서점'이라는 북카페도 참 재미있다. 입장료는 1,500엔이고 하루 종일 이용할 수 있는데, 업무 공간만이 아니라 무료 커피와 차도 있다.

아이디어가 잘 떠오르지 않을 때 서점에 자주 가곤 하는데, 약 3만 권의 책이 비치된 북카페는 업무 공간으로서도 아주 매력적이다.

미국의 'Remote Year'라는 서비스는 일정 기간 매월 각지를 전전하며 생활하게 해 준다. 매월 2천 달러의 비용만 내면 여럿이서 세계를 이동하며 일할 수 있다고 한다. 집세라고 생각하면 2천 달러는 별로 비싸지 않다.

사는 장소, 일할 장소가 제공되고 다 같이 이동하면서 생활한다. 이 서비스가 화제가 된 것도 세계에 그만큼 원격 근무를 하는 사람이 늘어나고 있으며, 그게 점점 더 쉽게 가능해지고 있다는 증거다.

이 책에서 몇 번이나 말했듯, 이동하면서 생활하는 것이 간단해지고 있다. 그렇기에 꼭 당신도 도전해 보길 바란다.

돈을 주고서라도 이동하며 일하는 것에는 장점이 있다

'이동이 전제인 인생'이 타인과 다른 시점을 준다

이처럼 오늘날은 '이동이 전제인 인생'을 쉽게 실현할 수 있다. 그리고 '이동'이야말로 당신의 능력을 개화하고, 인생을 바꿔 준다. 적극적으로 이동하면 지금까지 당연했던 것이 당연하지 않음을 깨닫는다. 그러면서 지금까지 봐 왔던 세계와 다른 세계가 존재함을 자연스럽게 알게 된다.

예를 들어서 나는 외국에 살지만 그곳에서는 그리 영어를 잘하지 못하는 무능한 사람 취급을 받곤 한다. 그래서 나는 일본에서 일하는 외국인을 보면 '참 대단하다'라고 느끼는 한편 '와 줘서 고맙다'라는 생각도 든다.

이동하면 당연한 것이 당연해지지 않게 된다. 타인과 다른 시점이 생기며 남들과 다른 인생을 걷게 된다. 그러니 재미있는 콘텐

츠를 만들 능력이 생긴다.

우리의 뇌는 늘 같은 장소에 있으면 아무 생각도 못 하고, 아무것도 못 느끼게 된다. 그리고 불감증에 걸리고 만다. '일상이 감각을 마비시킨다'라고 한 철학자 하이데거의 말처럼 우리는 똑같은 나날을 반복하면서 점점 감각이 마비된다.

'이동이 전제인 인생'을 선택하고 거기서 거꾸로 나아가 어떤 일을 할지 생각해 봄이 좋다. 나는 콘텐츠 비즈니스, 특히 교육 콘텐츠를 추천했지만 이건 어디까지나 한 예에 불과하다. 당신이라면 좀 더 다른 방법으로 '이동이 전제인 인생'을 실현할 수 있을지도 모른다.

장소를 바꾸면 사람은 생각하게 되고 느끼게 된다

해외에서 유행하는 것이 돈벌이의 힌트가 된다

이동하면 남들과 다른 정보를 얻을 수 있고, 다른 시점도 생긴다.

나는 거점 몇 곳을 이동하며 산 덕분에 콘텐츠 비즈니스로 돈을 버는 해외 사람들이 무엇을 하는지 직접 볼 기회를 얻을 수 있었다.

내가 독특하다고 여겼던 건 'Belly 2 Birth'라는 온라인 강좌다. 이 강좌는 새로 어머니가 된 사람들에게 자연스럽고 긍정적인 출산 체험을 제공하기 위해 필수적인 것들을 제공한다. 출산이라는, 많은 여성이 체험하는 일을 강좌로 만들 수 있다니 이 또한 큰 힌트가 될 것이다.

또한 교육 분야에서는 어린이들에게 프로그래밍을 가르치는 Tynker라는 온라인 콘텐츠가 매우 뛰어난 수준을 자랑하고 있다.

여기까지 사는 장소, 일하는 곳에 관해 설명했다. 그리고 다음 장부터는 인생 전략에서 가장 중요하고 제일 어려운 '인간관계'를 논하고자 한다. 우리의 고민 대부분은 인간관계에 의한 것이라는 조사 결과가 있을 정도로, 인간관계는 인생에 큰 영향을 끼치니 꼭 읽어 보길 바란다.

해외 비즈니스 시점을 잘 살펴본다

제4장 총정리

— 회사원을 그만두면 인생의 선택지가 늘어난다.
— '누구와' '어디서' '언제' 세 가지를 직접 고를 수 없는 상황은 비정상적이다.
— 우수한 회사원일수록 손해를 보는 구조다.
— IT 기술이 필요치 않고, 시장이 점점 넓어지는 비즈니스를 한다.
— 콘텐츠 비즈니스는 꾸준히 돈을 벌 수 있는 수입이 좋은 비즈니스다.

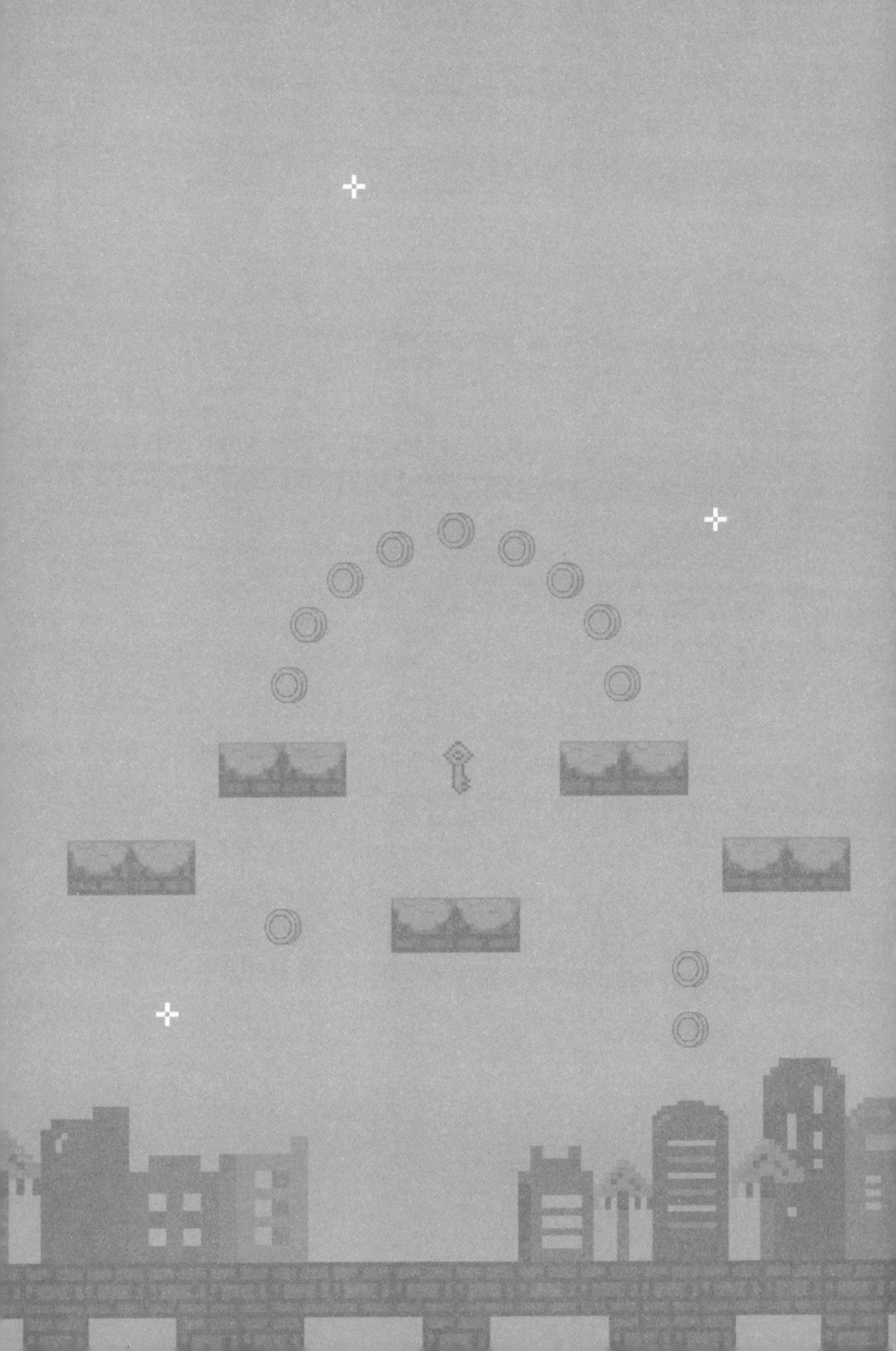

Chapter 5

왜 이동하면 좋은 인간관계가 늘어나는가?

캐릭터 설정으로 인생을 내 마음대로!

캐릭터가 인생을 결정한다!

여기까지 책을 읽어 준 당신에게 고마움을 표한다. 지금까지는 당신 머릿속에 노하우를 채운 것에 불과하다.

여기서부터는 당신에게,

'지금까지의 인생을 그만둬라'

라는 마음으로 글을 쓰려 한다.

분명 당신이 이 책을 선택한 이유도 '인생을 바꾸고 싶다'라는 마음이 있어서일 것이다.

'이동이라는 단어에 어쩐지 마음이 끌렸다'라는 사람부터 '인생을 처음부터 다시 시작하고 싶다'라는 사람도 있으리라. 정도의 차이는 있을지언정 '인생을 바꾼다'라는 의미에서 보자면 접근법은 같다. 따라서 지금부터의 이야기를 진지하게 듣길 바란다.

가장 먼저 이해해야 할 것은,

'캐릭터가 인생을 결정한다'

라는 점이다.

많은 사람이 인생 자체를 바꾸려고 하다가 실패한다.

세미나에 참석하거나 성공 철학을 배우기도 한다. 그런 식으로 인생을 바꾸게 해 준다는 콘텐츠는 '행동을 바꾸자' '습관을 바꾸자'라는 내용이 대부분이다. 사실 그게 될 정도로 의지력이 있는 사람이라면 벌써 인생을 바꾸고도 남았다.

이 책의 주제이기도 하지만 '의지력이 아니라 환경의 힘을 이용한다'라는 접근법만이 의지력 약한 평범한 사람의 인생을 달라지게 할 수 있다. 그래서 나는 이동에 의한 환경 변화를 계속 언급했다.

하지만 그렇게 해서 '정말로 인생이 크게 달라지긴 하나?'라고 의문을 품는 사람도 많을 테니, 그 메커니즘을 설명하겠다.

'캐릭터가 인생을 결정한다'. 사실 지금 당신도 어떤 캐릭터를 연기하고 있다는 사실을 깨닫도록 하자. 아니, 대부분 연기하도록 강요받고 있다.

'그렇지 않다'라고 하는 이도 있겠지만, 이게 바로 현실이다. '캐릭터 따위는 의식한 적도 없다'라고 생각할 것이다. 하지만 이게 현실이다.

평범한 사람은 '의지'가 아니라 '환경'으로 인생을 바꿀 수밖에 없다

누가 당신의 캐릭터를 정하는가?

사람들은 대체로 '무의식적'으로 캐릭터가 설정되며 이처럼 연기하도록 요구받는다. 이 점이 참 무섭다.

'무의식'이다 보니 캐릭터를 의식할 수 없다. 따라서 캐릭터를 수정하는 것이 아니라 '무엇을 할까'라는 행동에만 초점을 맞추니 아무것도 달라지는 게 없다.

내가 썼던 『인기 많아지는 독서술』에서도 독서를 습관화하려면 '독서하는 사람'이라는 캐릭터 설정이 우선시되어야 한다고 언급했는데, 그것과 마찬가지다.

그럼 지금 당신의 캐릭터는 누가 결정했을까. 그 답은 간단하다. **바로 당신의 '부모'가 당신의 캐릭터를 결정했다.**

물론 태어나자마자 곧바로 시설에 맡겨진 사람이라면 상황이 다르겠지만, 대부분은 태어난 직후 부모 곁에서 자란다. 따라서 당신의 캐릭터를 정한 이는 바로 부모다. 특히 핵가족화가 진행되는 일본에서는 부모일 가능성이 크다.

그래서인지 인생이 잘 안 풀리는 이유를 유소년기 때 부모님과의 관계에서 찾는 사람도 많다. 심리 상담가 중에서도 부모와의 관계를 지적하는 사람들이 많다. 예를 들어, 학대를 받았다거나 가난했다거나 등등 여러 원인이 있을지도 모르고, 그로 인해 인생이 뒤틀렸을 수도 있다.

하지만 아무리 그렇게 말하고, 그걸 헤집어 봤자 달라질 것은 아무것도 없다. 여기서 중요한 건 부모에게서 오는 영향을 완전히 배제하는 일이다. 그렇게 하면 부모에 의해 설정된 캐릭터와 결별할 수 있다.

다만 부모의 영향을 배제하는 것은 매우 어렵다.

내 경우, 아버지는 돌아가신 지 20년이 넘었고 다른 가족과도 오랜 세월 서로 연락을 주고받지 않았음에도 종종 아버지로부터 받은 영향을 느낄 때가 있다. 『부모는 100퍼센트 잘못됐다』라는 책을 쓴 나조차도 이런데, 이 점을 강하게 의식하지 않는 사람이 부모의 영향력 아래에서 벗어나는 건 결코 쉽지 않다.

그래서 나는 과거를 연상시키는 것은 최대한 주변에서 없애도록 권하고 싶다. 과거를 떠올리게 하는 것을 완전히 끊어 냄으로써 우선 부모에 의해 설정된 캐릭터를 리셋해 나가는 것이다.

짐 캐리 주연의 『이터널 션샤인』이라는 영화에서도 연인의 기억을 없애는 수술 전에, 연인을 떠올리게 하는 모든 것을 버리는 장면이 나온다. 사람은 기억의 단서가 없으면 아무것도 기억해 내지 못하는 법이다.

과거를 연상시키는 것은 버린다

우리는 '과거와의 정합성'을 유지하려 한다

지금까지의 캐릭터를 리셋하라고 권하는 이유는, 우리의 언동이 대체로 '과거와의 정합성'을 유지하려고 하기 때문이다.

생각해 보면 당연한 일이지만, 당신 주변에 있는 사람들 대부분은 당신의 과거를 알고 당신에게 '과거의 당신'을 기대한다.

그렇다 보니 '과거의 당신'과 부합하지 않는 행동이나 말을 하게 되면 반발을 사게 된다. 반발을 사고 싶은 사람은 없을 테니, 대부분 무의식적으로 '과거와의 정합성'을 유지하는 인생을 살아간다.

자기 계발서가 잘 팔리고 자기 계발 세미나 수요가 있는 이유는, 과거의 캐릭터와 결별하지 않은 채 인생을 바꾸려고 하니 영원히 아무것도 바꾸지 못하는 사람만 양산되어서다. 그래서 같은 사람이 몇 번이나 똑같은 책을 사 댄다. 다이어트 책이나 영어 공부 책을 몇 권이나 사는 사람과 비슷하다.

캐릭터를 바꾸지 않은 채 행동만을 바꿀 수는 없다. 그러니 '실패하는 나'의 모습만 보며 점점 괴로워질 뿐이다. 괴로우니 또 안도감을 찾기 위해 똑같은 책을 읽거나 '지금의 모습이 좋다'라는 적당한 말만 하는 세미나에 다니게 된다.

그렇게 되면 '바꾸고 싶다 → 바꿀 수 없다'라는 무한한 굴레에 빠져 점점 판단력만 저하한다.

따라서 우선 해야 할 일은 캐릭터의 리셋이다. 우리의 행동과 말은 대부분 무의식적으로 선택된다. 몇 번이나 강조하지만 '과거와의 정합성'을 유지하려는 목적 때문이다.

즉, 당신의 행동은 과거에 지배되고 있다. 여기서 중요한 것이 바로 '이동'이다. 과거에 지배되지 않는 환경으로 이동하면 된다.

예를 들어 해외로 가면 일본에서의 규칙이 통용되지 않는다. 레스토랑에서 식사한 후 계산하는 방법조차 다를 때가 많다. 미국이라면 팁도 내야 할 테니 말이다.

이 외에도 문화가 다르다 보니 과거의 규칙이 통하지 않게 된다. 따라서 이동이 과거의 지배에서 벗어날 가장 빠른 지름길이라 할 수 있다.

이동은 '과거를 아는 사람'과 '과거의 지배'에서 벗어나게 해 준다. '새로운 인생'은 거기서밖에 시작되지 않는다. 아니, 더 정확히는 거기서만 '나의 인생'이 시작된다고 볼 수 있겠다. 우선 과거에서 벗어날 수 있는 환경으로 이동부터 하자.

과거에 휘둘리지 않는 환경으로 이동한다

세계는 포지션 토크로 구성되어 있다

우리는 어떤 식으로 캐릭터를 유지하고 있을까. 이를 이해함으로써 당신은 더욱 캐릭터를 의식할 수 있게 된다.

흔히 '체면'이라는 말을 하는데, 이게 바로 캐릭터 유지를 위해 기능하고 있다고 봐도 좋다.

SNS를 보면 이해하기 쉽다. SNS도 세간의 일종이기 때문이다. 인간은 본능적으로 소속되고자 하는 경향이 있다. 배제되는 것을 극단적으로 두려워한다.

그래서 SNS라는 세계에서도 체면을 신경 쓰려 한다. 당연히 그곳에서는 그곳에서 기대되는 캐릭터를 연기한다. 과거와의 교우 관계가 짙은 SNS가 중심이라면 캐릭터는 과거의 연장선상에 있을 것이다.

다만 전혀 다른 사람들과 이어진 SNS라면 완전히 다른 캐릭터가 될 수도 있다. 즉, 어떤 세간에서 살아갈지를 선택할 수 있다는 뜻이다. 따라서 나한테 제일 기분 좋은 캐릭터를 인정해 주는 세간을 찾으면 된다.

예를 들어서 X라면, 이용자가 어떤 팔로우를 하느냐에 따라 보이는 세계가 달라진다. 그런데 여기서 재미있는 것은, 그가 팔로우를 통해 달라진 그 세계 속 캐릭터에 맞는 발언과 행동을 하기 시작한다는 점이다.

다만 여기서도 주의가 필요하다. 처음에는 내가 고른 세간이었겠지만 시간이 지나면 체면을 의식하게 되고 그 체면을 위해 발언이 달라지기 때문이다. 이를 포지션 토크라고 한다.

쉽게 말해서, 처음에는 스스로 제어하고 있었다 해도 정신을 차리고 보면 지배당하고 있다. 이게 환경이 가진 힘이기도 하다. 이를 이해하지 못하면 우연히 캐릭터 설정이 잘됐다고 해도 그 세계에서 성공한 후에 바로 실패하고 만다.

성공했기에 성공한 인물로서의 발언, 행동이 주목받고 그 기대에 부응할 만한 포지션 토크, 포지션 액트를 하게 된다. 결국에는 그게 지나쳐서 '사람이 변했다'라는 말을 듣고 자멸하는 사람들을 나는 수없이 봐 왔다.

이건 어느새 환경에 의해 행동이 지배되었기에 발생한다. 성공하자마자 성격이 변하고, 최종적으로는 파멸하는 사람이야말로 바로 이런 패턴을 갖고 있다.

우리가 살아가는 세계는 다들 각자의 위치에서 포지션 토크를 하는 것으로 성립된다고 봐도 좋다.

예를 들어 국회의원의 실언은 자기 세계에서의 포지션 토크를 다른 세계에서 한 것에 불과하다. 말도 안 되는 수준의 발언이 너무 많기 때문에 이를 포지션 토크의 부조화로 보지 않으면 도저히 이해할 수 없다.

다시 본론으로 돌아가서, 우리가 사는 세계는 각자의 포지션 토크로 성립된다. 그래서 어떤 환경에 발을 들이느냐에 따라 무의식적으로 포지션 토크를 하고 캐릭터가 결정된다.

다만, 이 점을 의식하며 살 수 있으면 나에게 가장 유리한 캐릭터가 되는 것도 가능하다는 뜻이다.

나한테 유리한 캐릭터가 되면 나한테 유리하고 좋은 인생을 살 수 있게 된다. 캐릭터가 인생을 결정하기 때문이다.

그런데도 많은 사람은 별생각 없이 선택한 환경에 들어가거나 혹은 자기가 고르지 않은 환경에서 무의식적으로 포지션 토크를 하고 캐릭터가 결정되어 인생까지도 정해지게 된다.

게다가 태어날 때부터 그러고 살았으니 인생을 제어할 수도 없고, 바꾸는 방법도 모른다.

나한테 유리한 캐릭터가 되면, 인생을 유리하게 살아갈 수 있다

우연히 성공한 것뿐

우리는 환경의 영향을 강하게 받는다. 어떤 환경에 있느냐에 따라 인생이 결정된다. 그리고 어느 환경에 한번 발을 들이면 캐릭터가 설정되고 인생이 정해진다.

그렇기에 우리는 환경을 선택할 자유를 늘 가지고 있어야만 한다. 무엇을 선택하는 것이 아닌 선택지를 늘리는 것을 기준으로 삼고 살아야 한다. 내가 살아가는 환경에 관한 선택지를 가져야만 인생을 제어할 수 있다.

그때 중요한 것이 '이동'에 익숙해지는 사람이 되는 일이다. 따라서 우리는 '이동이 최우선'이라는 점을 이해해야 한다. 즉,

'간단히 이동할 수 있는 캐릭터=간단히 인생을 바꿀 수 있는 캐릭터'

라는 뜻이다.

인생을 바꾼다는 주제의 책들은 놀라운 말을 하는 것처럼 보여도 전혀 그렇지 않다. 환경의 중요성을 논하는 일은 많지만 이 부분을 중점적으로 이야기하는 책은 거의 없다.

그 이유는 간단한데, 저자 자신도 무의식적으로 좋은 환경에서 성공했기 때문이다. 많은 이들이 성공한 후에 그 요인을 말하는데, 그건 어디까지나 나중에 갖다붙이는 설명일 뿐이다.

나를 예로 들어 보자면, 편집자 시절 천만 부 이상의 책을 팔 수 있었던 것은 우연히 좋은 환경에 자리했던 덕분이다. 아마존이 상륙했던 타이밍인 28세 때 작은 출판사에 입사해 좋은 상사를 만났던 것뿐이다.

내가 입사한 출판사는 작아서 대형 서점에서는 상대해 주지도 않았다. 대형 출판사는 아마존을 상대하지 않았다. 그래서 나는 아마존에서 책을 팔겠다는 것에 초점을 맞췄고, 서서히 베스트셀러가 탄생하게 됐다.

동시에 인터넷 마케팅 기술도 배운 덕분에 독립한 후에도 마케팅 컨설턴트 일까지 할 수 있게 됐다.

돌이켜보면 정말로 우연히 좋은 환경에 있었던 게 전부다. 분명 노력도 했고, 죽도록 일도 했다는 자부심도 있지만 그게 가능한 것도 다 환경 덕분이다.

왜냐하면 30세까지 나는 무엇을 해도 어중간해서 아무런 결과도, 아무런 성공 체험도 없는 인생이었기 때문이다.

그래서 인생이 잘 풀릴 때까지 환경을 바꾸는 것을 추천한다. 다만 사람은 익숙한 환경에 있고 싶어 하는 성향이 강하니 이동하는 것이 당연한 캐릭터 설정부터 해야 한다. 따라서 '이동 최우선'이라는 삶의 방식을 선택하길 바란다.

이동하는 것이 당연한 캐릭터를 설정한다

나에게 유리한 미래와의 정합성을 갖춰라!

앞서 우리는 '과거와의 정합성'을 유지하려는 말과 행동을 한다고 했는데, 이는 바로 '환경과의 정합성'을 유지하려는 것이기도 하다. 많은 이들이 과거를 기반으로 한 환경에 머무르기 위해 '과거의 정합을 유지한 나'로 있으려 한다.

우리에게는 '환경과의 정합성'을 유지하려는 성질 또한 있기 때문에, 그런 생각이 들 때 당신은 '나에게 유리한 미래와의 정합성'을 유지하려고 해야 더 유리한 미래를 얻게 된다. 모든 초점을 미래에 맞추는 것이 인생을 바꾸기 위한 핵심이다. 따라서 인생을 바꾸는 접근법은,

이동을 최우선으로 하는 체질로 만든다

↓

나에게 유리한 환경으로 들어간다

라는 순서밖에 없다.

'이동을 최우선으로 하는 체질로 만들려면 어떻게 해야 하나'라는 점은 다음 장을 참고로 하고, 여기서는 '나에게 유리한 환경'에 대해 생각해 보자.

아마 대부분의 자기 계발서에서는 '가슴이 두근거리는 환경' '의욕이 생기는 환경' '좋아하는 일로 돈을 벌 수 있는 환경' 같은 표현이 나올 것이다.

다만 **이런 두루뭉술한 것은 믿지 않는 편이 좋다.** 현실적이지 않기 때문이다. 이런 감정에 좌우되는 것은 현실적이지 않으며, 사람의 감정은 떠올랐다가 가라앉기 마련이라 현실을 움직이는 데 적합하지 않다.

오히려 현실을 움직이는 것은 '두근두근'이 아니라 '차근차근'이다. 차근차근 담담히 해 나가는 것만이 현실을 움직인다는 사실은 이해할 수 있을 것이다.

감정은 달아올랐다가 식기 쉽다. 지금 좋아하는 일을 1년 후에도 좋아하리라는 보장은 없다. 따라서 감정을 동기로 삼으면 우왕좌왕하는 인생을 살면서 남에게 휘둘리기만 하게 된다.

현실을 움직이는 것은 '두근두근'이 아니라 '차근차근'

포지션 토크를 하기 시작했을 때가 환경을 바꿀 때

'환경 → 감정 → 행동'에 따라 인생이 결정된다.

감정이 아니라 환경을 고름으로써 자동적으로 행동을 선택하게 되고, 인생은 자유자재가 된다. 그럼 환경을 선택한다는 것은 무엇인가? 그건 여러 환경을 선택할 수 있는 나 자신이 되어야 한다는 뜻이다. 그래서 나는 집요할 정도로,

'인생의 기준은 선택지를 늘리는 것'

이라고 강조한다. 설령 지금 당신이 '나한테 유리한 환경'에 있다고 하더라도 2~3년 후에도 그곳이 '나에게 유리한 환경'으로 있을지는 알 수 없다.

오히려 모르는 사이에 그 환경의 포지션 토크를 강요받아, 인생

의 주도권을 남에게 빼앗길지도 모른다.

그러니 지금 아무리 좋은 환경에 있다고 해도, 언제든 이동할 수 있는 선택지를 가지는 게 중요하다.

그럼 선택지를 늘리기 위해 해야 할 일은 무엇이냐, 그건 바로 '지식과 경험의 꾸준한 업데이트'밖에 없다.

'나에게 유리한 환경'에 있으면 있을수록 주변이 보이지 않게 되므로, 그 어떤 환경에 있다고 하더라도 지식과 경험을 꾸준하게 업데이트해 나가는 것이 가장 필요하다.

지식과 경험을 계속 업데이트함으로써 새로운 세계를 알 수 있고, 새로운 만남도 생겨나며, 새로운 선택지가 시야에 들어오게 된다. 그렇게 함으로써 선택지가 점점 늘어난다. 선택지가 증가하면 미래에도 나 자신을 잃지 않는다.

결국 선택지 증가가 자기 자신을 보는 시점을 높이고, 더욱 자신을 객관화하여 볼 수 있게 해 준다.

새로운 '현실'을 만들기 위해 지식과 경험을 업데이트한다

업데이트의 표어는 '첫 체험'

선택지를 늘리기 위해서는 지식과 경험을 꾸준히 업데이트하는 것이 중요한데, 그러기 위해 해야 할 일은 바로 '첫 체험'을 계속하는 것이다.

　사람은 환경에 점점 적응해 나가는 생물이기에 익숙해지면 아무 생각도 못 하게 된다. 그래서 '이동하라'라는 것이 이 책의 주제다. 정말로 많은 이들이 아무 생각도 안 하고 살고 있으며, 그렇게 살아가게 되는 것이 오늘날이다.

　그렇게 되지 않기 위해 매일 명확한 행동 지침을 세우는 것이 중요하다.

목적＝선택지 늘리기
수단＝지식과 경험을 꾸준히 업데이트하기 (첫 체험 계속하기)

　이렇게 말이다. **무엇을 할지 정할 때는 '모르는 것' '해 보지 않은 것'을 고르면 된다.**

　당연히 당신의 뇌는 저항할 것이다. 뇌는 원래 새로운 것을 매우 싫어하기 때문이다. 뇌는 '불안'을 만들어 낸다. 당신의 뇌는 '하지 않는 이유'를 열심히 창조해 내려 한다.

　하지만 걱정하지 말아라. 그건 어디까지나 뇌의 습성이고, 뇌는 자기 기능을 다하고 있을 뿐이다. 방 온도가 올라가면 땀이 나는 것과 마찬가지다. 새로운 것을 하려고 하면 불안을 느끼는 것 역시 자연스러운 현상이다. 땀을 닦아 내듯 불안도 쓱 닦아 내면 된다.

그래도 좀처럼 한 걸음을 내딛지 못하는 사람이 많다는 것도 잘 안다. 그런 사람은 잘 생각해 보길 바란다.

당신은 미래를 향해 살아가고 싶은가, 아니면 과거의 연장선상에서 살고 싶은가.

이렇게 나 자신에게 물을 때, 당신은 전자를 선택할 것이다.

'미지의 것'은 미래로 이어지고, '이미 알고 있는 것'은 과거로 이어진다. 그렇다면 '미지의 것=첫 체험'을 선택하는 수밖에 없다.

뇌는 '하지 않는 이유를 열심히 만들어 내는'
경향이 있음을 이해하자

재미있는 사람이 되고, 재미있는 사람을 만나고, 재미있는 인생을 보내기 위해

새로운 지식을 접하고 새로운 체험을 계속해 나가면, 당연히 재미있는 인생을 보낼 수 있고 재미있는 사람도 될 수 있다. 새로운 장소에도 가게 될 것이고, 새로운 사람도 만날 수 있을 것이다.

물론 마구잡이로 사람을 만나게 될 수도 있겠지만, 나 자신을 점점 업데이트해 나가면 좋은 만남도 찾아올 것이다.

진부한 말이긴 하지만 '인생은 만남이 결정한다'도 사실이니 말이다.

어떤 의미에서 보자면 이 책의 주제인 '이동'은 아직 보지 못한 사람, 아직 겪지 못한 사건, 아직 가 보지 못한 장소, 아직 접하지 못한 뭔가를 만나기 위한 여행이라고 해도 좋다.

나의 경우, 음악을 좋아하기도 해서 아직 모르는 명곡을 만나기 위해 살고 있다고 생각하며, 전직 편집자였던 경력을 살려 아직 모르는 재미있는 사람을 만나서 그를 세상에 선보이고 싶어 여러 활동도 한다.

나는 평소에 '하고 싶은 일은 없어도 된다'라고 말하지만, 하고 싶은 일을 찾아내는 편이 당연히 더 좋다.

하지만 아주 일부의 사람이나 원했던 일을 만나는 것이지, 자기계발서에서 흔히 나오는 '하고 싶은 일을 찾아보자' 같은 낮은 수준의 노하우로는 만날 수 없다. 딱 만난 순간 도저히 가만히 있을 수 없을 정도의 충격을 받아, 모든 걸 내던지고 행동을 하고프게 만드는 것이야말로 진정으로 하고 싶은 일이기 때문이다.

즉, 찾아내는 게 아니라 만나야 한다.

그런 것을 만나면 분명 최고의 인생을 살게 될 것이다.

다만 그렇게 기대부터 하지 말고, 담담히 첫 체험을 해 나가자. 그렇게 하면 인생은 달라진다.

**찾지 않는다.
담담히 첫 경험을 쌓으며 만남을 기다릴 뿐이다**

일이 잘되기 직전 꼭 나타나는 사람

 이 장에서 나온 것을 실천하면, 당신은 분명 역풍도 맞게 될 것이다. 질투를 사거나 '제정신이 아니다' '누구한테 속았다'라는 식의 소문이 날지도 모른다.

 앞서 언급했듯 우리가 살아가는 세계는 포지션 토크로 이루어져 있어서 갑자기 당신의 행동이 달라지면 가까운 사람일수록 부정적인 말을 하게 될 수 있다.

 이것이 소위 말하는 드림 킬러로, 당신의 가장 가까운 사람이 부정한다는 것이 무서운 점이다. 이 또한 뇌에 불안을 떠올리는 기능이 있는 것과 마찬가지로, 가까운 사람이 가진 기능이라 할 수 있다. 어떤 대단한 악의가 있는 것이 아니라 그들 나름대로 기능을 수행하는 것뿐이다.

 그러니 '부정적인 말을 하는 사람은 반드시 나타난다'라는 사실을 기억해 두자.

 처음부터 알고 있으면 별것도 아닌 일이라도, 모르고 있을 때는 자꾸만 당황하게 된다.

 특히 요즘은 SNS의 영향도 크다 보니 많은 사람이 타인의 시선에 크게 신경 쓴다. 그리고 지금은 '누구에게나 기회가 주어지는 사회'이기도 하여, 내가 못하는 일을 누군가가 하면 질투심이 생긴다.

만약 '누구에게나 기회가 주어지는 사회'가 아니었다면 남을 신경 쓸 필요도 없고 질투심도 생기지 않을 것이다.

하지만 그 대신 '누구에게나 기회가 주어지는 사회'가 됐으니, 그 부분을 잘 이용하여 부정적인 사람들은 무시하며 살아가자.

어떠한가? 이 장에서는 우리의 인생에서 제일 중요한 '인간관계'에 대해 설명했다. 참고로 삼아 더 좋은 미래로 나아가길 바란다.

다음 장에서는 당신을 '이동 체질'로 만들기 위한 액션 플랜을 적어 보겠다. 당장이라도 할 수 있는 것들만 있으니 하나씩 실천해 보자.

타인의 부정적인 반응은 기회를 내 것으로 삼을 수 있다는 신호

제5장 총정리

— 이상적인 인생을 실현하기 위해 나에게 유리한 캐릭터가 되자.

— 당신의 캐릭터는 기본적으로 부모님에 의해 정해진다.

— 지식과 경험의 업데이트가 일과 사람, 돈을 모은다.

— 업데이트란 바로 첫 체험을 계속 이어 나가는 것이다.

— 행동력이 높아지면 당신 앞에 드림 킬러가 나타난다.

Chapter 6

이동 체질을 만드는
30가지 액션 플랜

이 장에서는 당신을 '이동 체질'로 만들기 위해
바로 실천할 수 있는 액션 플랜을 준비했다.
하나씩 소개할 테니 꼭 실천해 보길 바란다.

【플랜 1】 '즉시 회신' '즉시 대답' '즉시 보고'를 의식한다

AI로 인해 업무 퀄리티의 개인 차이가 점점 커지며, 신용이 더욱 중요해지는 시대가 되었다. '누가' 하는지를 더욱 따지게 된 것이다.

그때 중요한 것이 바로 신용이다. 신용이 없으면 아예 부르지도 않을 것이고 관여하려 들지도 않는다. 이렇게 중요한 신용을 얻기 위해 꼭 해야 할 일이 바로 '즉시 회신' '즉시 대답' '즉시 보고'다.

빠른 답변만으로도 상대방에게 안도감을 줄 수 있다. 인간은 답이 없으면 불안해하기 때문이다.

당장 '네'라고 답하는 것은 내 이익만을 생각하지 않는다는 증거다. 반대로 금방 '네'라고 대답할 수 없는 건 이득이 있는지 없는지 계산한다는 증거다. 당연히 자기 이익만 중시하는 사람은 신용을 얻기 어렵다.

보고도 중요하다. 일은 보고를 함으로써 완료된다. 그래서 믿음을 얻거나 조언을 받았으면 바로 실행해서 보고하는 게 좋다.

이렇게 하면 조언이나 일이 점점 늘어나게 된다. 성공 기회가 늘어나게 된다는 뜻이다.

'즉시 회신' '즉시 대답' '즉시 보고'를 염두에 두기만 해도 인생은 좋은 방향으로 흘러간다.

【플랜 2】솔선하여 사람을 소개한다

몇 번이나 언급하지만, 인생은 인간관계로 결정된다. '좋은 인생=좋은 인간관계'는 여러 연구 결과로 증명되어 왔다.

그럼 좋은 인간관계를 만들려면 어떻게 해야 할까. 간단하다. **좋은 인간관계를 가진 인물에게 사람을 소개해 달라고 하면 된다.** 그 사람이 소개해 주는 이는 믿을 만하기 때문이다.

소개를 받기 위해서는 소개하는 사람이 되어야 한다. 무엇이든 내가 먼저 줄 수 있으면 남에게도 받을 수 있다. 그러니 내가 먼저 사람을 자주 소개하는 것부터 시작하자.

물론 인간적인 예의도 잊으면 안 된다. 예의가 없는 사람을 소개하는 자는 없을 테니까.

【플랜 3】 연하의 지인을 적극적으로 만든다

나는 38세 때 독립했다. 그때 의식했던 점은 바로 연하의 사람들과의 업무였다. 그때부터 십수 년이 지난 지금, 내 지인들 대부분이 연하다. 돌아보면 연하들과 일해서 참 다행이다.

나는 그 덕분에 살아남았다. 만약 독립했을 때 아무 의식도 하지 않고 새로운 인간관계를 만들었다면 어땠을까 상상만 해도 오싹하다. 왜냐면 당시는 연상들하고만 일했기 때문이다.

나이 차이가 많이 나는 지인을 많이 만드는 일은 특별히 의식하지 않으면 불가능하다. 그리고 그렇게 하지 않으면 점점 나의 가치관은 낡고 좁아지며 인생이 따분해진다.

사람은 의식하지 않으면 나이와 가치관이 가까운 이들하고만 어울린다. 그렇기 때문에 다른 사람들과 얽힐 때는 늘 의식해야만 언제나 신선한 인생을 맞닥뜨릴 수 있다.

【플랜 4】작가를 만나러 서점 이벤트에 간다

인생은 만남으로 결정된다. 그리고 좋은 인간관계가 좋은 인생을 만든다. 이는 인생에만 해당하는 것이 아니다. 비즈니스를 할 때도 좋은 인간관계가 좋은 결과를 이끈다. 특히 비즈니스에서는 **각 분야의 수준 높은 사람과 만날 수 있는지가 중요하다.** 당연히 그런 사람은 지식이나 경험이 풍부하며 인맥 또한 있다.

나는 평범해서 그런 사람들과의 협업을 의식한다.

그렇다면 업계 최고에 있는 인물을 어디서 만날 수 있을까.

최고의 실적을 올리는 사람은 책을 내는 경우가 많다. 그리고 책을 내면 서점 이벤트를 연다. 그런 자리에 적극적으로 작가를 만나러 가자. 수준 높은 사람의 사고법이나 행동을 배우기만 해도 인생은 크게 달라진다.

【플랜 5】커뮤니케이션 비용이 낮은 사람이 되자

이 책에서 몇 번이나 언급한 것처럼 좋은 인생은 좋은 인간관계로 결정된다. 그러기 위해 의식해야 할 것은 커뮤니케이션 비용이다. 쉽게 말해서 '남들이 날 귀찮은 사람으로 여기지 않도록 하자'라는 뜻이다.

예를 들어서 유난히 긴 메일이나 메시지는 커뮤니케이션 비용이 높다. 왜냐하면 상대방의 시간을 빼앗기 때문이다.

문장은 최대한 간결히 쓴다. 그리고 번호를 매겨 상대방이 한마디로 답할 수 있도록 신경 쓴다. 물론 즉시 답변하는 것 역시 커뮤니케이션 비용 감소로 이어진다.

사람은 귀찮게 느껴지는 이를 또 만나고 싶어 하지 않는다. 귀찮다는 감정은 의외로 무의식적으로 각인된다. 그래서 귀찮은 사람은 남들로부터 무의식적으로 무시당하기 쉽다. 이 세상에 존재하지 않는 꼴이 된다.

한편 커뮤니케이션 비용이 낮은 사람은 업무 능력이 뛰어나다는 인식을 준다. 그리고 무의식적으로 호감을 갖게 된다.

상대방이 불쾌감을 느끼지 않는 커뮤니케이션을 염두에 두자.

【플랜 6】 효율만 중시하지 않는다

효율만을 중시하면 인생은 재미없어진다. 게다가 AI가 출현한 시대에 효율만 좇는 건 좋은 방법이 아니다.

효율만을 중요시하는 사람에게 매력을 느낄 수 있을까. 대부분의 사람이 '아니오'라고 대답할 것이다.

사람이 사람인 이유는 놀이나 취미라는, 겉으로 보기에 도움이 되지 않는 일에 열중하기 때문이다. 효율성은 AI한테 맡기고, 비효율적인 일에 시간과 능력을 써야 좋다.

나는 『시간 편집술時間編集術』이라는 책을 쓰면서 '언프로덕티브 타임'이라는 용어를 제시했다. 이는 비생산적인 시간을 의미하는데, 이 시간을 만들어 내기 위해 효율을 추구하도록 권하고 있다.

다시 말해, 효율을 추구하는 것이 아니라 비생산적인 시간을 얻기 위해 AI를 적극적으로 활용해서 효율을 높이자는 뜻이다.

【플랜 7】 기억에 남는 사람이 되자

앞으로는 '무엇'보다도 '누가'가 더 중요해진다는 말을 자주 듣게 될 것이다.

AI 덕분에 '무엇'의 부분은 차별화하기 어려워진다. 간단히 말하자면, 모든 사람의 능력 차이가 사라진다는 뜻이다.

예전에 내가 편집했던 책의 저자, 제임스 스키너와 강연 자리에 함께 올랐을 때 그가 했던 말이 여전히 기억에 인상적으로 남아 있다.

'산업혁명은 근육의 민주화, 인터넷은 정보 접속의 민주화, AI는 IQ의 민주화'.

이제 업무 퀄리티와 효율화는 차별화할 수 없게 됐다. 그렇다면 남게 되는 건 '누가'라는 부분뿐이다. 그때 중요한 것이 바로 퍼스널 브랜딩이다.

그러니 알기 쉽게 '나는 ○○입니다'라고 말하자. SNS를 한다면 프로필과 피드에서도 철저히 내가 누구인지를 추구해야 한다.

그 결과로 브랜드 스토리가 생기고, 주변에 캐릭터가 인지된다. 인지만 되면 자연히 생각나게 된다. 기억하면 이름이 불린다. 소개된다. 다른 사람의 기억에 남기 위한 행동을 거듭하자.

[플랜 8] 출퇴근 경로를 바꾼다

출퇴근이나 등하교 경로를 변경해 보자. 내가 제일 두려워하는 것은 아무 생각도 없이 알아서 직장에 도착하는 일이 아주 당연시되는 점이다.

익숙해지면 아무 생각도 없이 자동으로 수행하는 게 우리의 능력이지만, 그만큼 점점 아무 생각도 없는 사람으로 변해 간다.

예를 들어, 수도권의 만원 전철은 사람이 탈 만한 교통수단이 아니다. 그렇지만 매일 만원 전철에 타는 것을 당연하고 일반적인 일로 받아들이게 된다.

이는 사고 정지 상태라고 봐도 좋다. 나는 일본의 전철을 별로 타지 않지만, 역 내부를 걷는 사람들의 짜증스러운 태도에 깜짝 놀라곤 한다.

그리고 만원 전철 출퇴근이 당연해지면, 인생 그 자체가 짜증으로 가득 차게 된다. 늘 감정이 흐트러져 있으면 제대로 된 인간관계를 이룩할 수 없고, 정상적인 인생도 기대할 수 없을 것이다.

다시 본론으로 돌아가자면, 평소와 다른 출퇴근 및 등하교 경로를 찾자. 혹은 시간대를 바꾸기만 해도 좋다. 어쨌든 매일 이어지는 '당연한 일상'을 무너뜨려 보자. 그렇게 하면 뇌가 각성하고 몸에 감각이 되돌아온다. 우리는 일상에 마비되어 있기 때문이다.

진정한 인생은 우선 마비 상태에서 벗어나야 시작된다. 하루라도 빨리 불감증에서 벗어나자!

【플랜 9】 1박의 해외여행을 떠난다

나는 1~2박으로 해외로 나간다. 거의 매월 일본과 미국을 오가지만 그 이외에도 해외로 나가곤 한다. 주변 사람들까지 1~2박이라는 '토막 여행'으로 해외에 데리고 나갈 때가 많다. **'언제든, 어디든 갈 수 있다'라는 정신을 만들고 싶기 때문이다.**

사람들 대부분은, 특히 회사원은 해외에 한번 나가려 하면 한참 전부터 휴가 일정을 잡고 철저히 계획을 세워야 한다. 하지만 그렇게 해서는 해외로 나가는 게 어려워지기만 하니 이동 체질이 되기 쉽지 않다.

그러니 1~2박으로 나가는 버릇을 들여 보자. 예를 들어 도쿄에서 대만까지 가는 것이라면 항공권도 싸고 1박으로 다녀올 수 있다. 한국이라면 당일치기도 가능하다.

'언제든, 어디든 갈 수 있는' 내가 되기 위해 우선 토막 해외여행을 계획해 보자.

【플랜 10】 연 4회는 해외로, 연 4회는 국내로

앞서 토막 해외여행을 제안했는데, 처음에는 목표 수준을 결정해 놓는 것도 좋다. 이동 체질이 완성될 때까지는 강제력도 필요하다.

그러니 최소한 1년에 네 번 정도는 해외로 나가도록 정해 두자.

만약 당신이 도쿄 근방에 산다면 돈과 시간을 너무 많이 투자하지 않고 갈 만한 곳을 고르는 건 어떨까. 대만이나 한국, 태국, 하와이도 좋다. 우선 허들이 낮은 곳부터 나가는 것을 추천한다.

그렇지만 여행을 1년에 네 번만 다니는 건 적으니 그 외에 국내도 1년에 네 번 정도 다니면 좋다(가능하면 각각 1년에 여섯 번씩, 매월 여행을 떠나길 권한다).

국내를 여행한다면 최대한 먼 곳으로, 당일치기를 하는 편이 좋다. 나는 업무 때문에 후쿠오카나 오사카에는 자주 가는 편이지만 일부러 당일치기로 홋카이도로 밥을 먹으러 가기도 한다.

이렇게만 들으면 마치 내가 여행을 매우 좋아하는 줄 아는데 그렇지 않다. 그래도 도쿄가 지내기 쾌적해서 좋다. 밥도 맛있고, 거리도 깔끔하고, 말도 잘 통한다.

그래서 나는 여행을 좋아하는 편도 아니고, 흔히 말하는 '해외여행=자유'라는 이미지는 싫어한다.

극단적으로 말하자면, 해외든 국내든 혼자 가서 하루 자고 바로 돌아오는 게 낫다고 본다. 관광지를 돌아볼 필요도 없고, 하룻밤 자지도 않고 아침에 도착했다가 밤에 돌아가는 것도 좋다. 내가 하고 싶은 말은 이동하는 것 자체에 의미가 있다는 뜻이다. 1년에 네 번 정도 국내외를 이동하면 이동에 익숙해진다. 그렇게 이동 체질을 얻게 되면 인생이 달라지기 시작한다.

【플랜 11】한 달에 한 번은 호텔에 묵는다

　지금까지 여행을 중점적으로 말했지만, 그래도 '시간이 없다' '가족이 있어서 안 된다'라고 변명하는 사람이 있다.
　그렇다면 한 달에 한 번 호텔에 묵는 건 어떨까. 미약하지만 여행을 떠난 기분도, 이사한 기분도 맛볼 수 있다. 호텔에서 하는 출근도 기분전환이 된다.
　그런데 이런 이동 생활을 꾸준히 하려면 아무래도 돈이 들 수밖에 없다. 따라서 스스로 돈 버는 힘도 기르길 바란다.
　얼마 전에도 연 수입 1천만 엔 정도 되는 의사와 대화를 나눌 기회가 있어서 나는 '매주 호텔에서 머물면 어떠냐'라고 제안했다. 그와는 오래 알고 지냈지만 '인생을 바꾸고 싶다'라고 하면서도 아무 행동도 하지 않아, 보다 못해 한 조언이었다.
　사람은 현실감을 느껴야 행동할 수 있다.
　예를 들어, 1년에 네 번 해외에 가거나 한 달에 한 번 호텔에서 생활해 봐야만 그런 인생이 당연해진다.
　현실감은 당연한지 아닌지다. 당연함의 정도가 현실감의 정도다. 그래서 처음에는 강제적으로 1년에 네 번 해외여행, 1년에 네 번 국내 여행, 한 달에 한 번 호텔 숙박을 해 보길 바란다.
　거기서 현실감을 느낀다면 그 생활을 유지하기 위한 돈벌이 방법이 보이기 때문이다. 결국 행동하지 않는 이유는 이상보다 현재에 현실감을 느끼는 까닭이다.

【플랜 12】해외에 사는 동포와 알고 지낸다

현실감이라는 의미에서 보자면 해외에 거주하는 동포와 알고 지내는 것도 좋다. 해외에 사는 동포는 외국 거주와 이동이 당연하기 때문이다.

흔히 '친구 5명의 평균 연 수입이 당신의 연 수입과 같다'라는 말을 하는데, 어떤 지인과 알고 지내느냐에 따라 당신의 현실이 정해진다.

그러므로 해외 동포와 알고 지내면 이동 체질로 변화하게 된다.

지금 돌이켜보면 내가 해외에서 두려움을 느끼지 않고 살게 된 것도, 해외에 거주하는 지인이 많기 때문이다. 캘리포니아에도, 하와이에도 작가들이 산다.

그래서 처음에는 나도 하와이에 살았다가 그다음에는 캘리포니아로 가게 된 것일지도 모른다. 당시만 해도 그런 부분은 의식도 하지 않았지만, 결과적으로 보니 하와이와 캘리포니아에서 살았다. 지금은 SNS가 있어서 해외 거주 중인 동포와 연락을 주고받기도 비교적 간단하다. 부디 적극적으로 교류해 보길 바란다.

[플랜 13] 싫은 것도 도전해 본다

최근 '좋아하는 일을 하자'라는 메시지가 만연하다.

그러나 만약 당신이 인생을 바꾸고 싶다면, 싫어하는 일도 꼭 해야 한다. 인생을 바꾸는 것은 가치관을 바꾸는 일과 같기 때문이다.

좋아하는 일＝과거의 가치관이므로, 좋아하는 것만 계속 이어가 봤자 인생은 달라지지 않는다.

오히려 싫어하는 일을 하는 편이 새로운 가치관을 만날 기회가 많을 터이다.

예를 들어서 어릴 때 먹기 싫어했던 채소를 어른이 되고부터 먹을 수 있게 된 적은 없는가. 싫어했던 것을 먹을 수 있게 됨으로써 새로운 세상이 보이게 됐을 것이다. 마찬가지로 싫어하는 일도 얼마든지 도전해 보자.

【플랜 14】도움이 되지 않는 것을 접해 본다

앞으로는 교양 여부에 따라 인생의 풍요로움이 결정된다. 대부분의 일을 AI가 대신하게 됐기 때문이다. 그렇다면 인간에게 남는 것이라곤 교양뿐이다.

정보를 얻고, 정보를 정리하고, 정보를 분석하는 능력은 AI를 이길 수 없다. 다만 교양은 그렇지 않다.

교양이란, 하나의 일을 나름대로 즐기는 것이다.

예를 들어 『겐지모노가타리』와 같은 고전 독서는 겉으로 보기에는 현대 사회에서 도움이 되지 않는다. 그러나 이러한 교양을 통해 역사적 배경을 이해하고 표현력을 배울 수 있다.

또한 교양 있는 사람은 인간관계 구축이 쉽다. 지식을 갖춘 사람은 매력적으로 보이기 때문이다. 누구나 매력적인 사람과 알고 지내고 싶은 법이다.

즉, 도움이 안 되는 듯한 일들을 적극적으로 해 나가는 게 중요하다. 고전을 배워도 좋다. 미술관에 그림을 보러 가도 된다. 처음에는 몰라도 된다. 아무튼 그런 것을 접하도록 하자.

접하는 횟수가 늘어나면 점점 교양도 갈고 닦이게 된다.

【플랜 15】 유튜브를 보지 않는다

인풋에 대한 말을 자주 듣게 된다. 인생은 아웃풋으로 결정되지만 그걸 정하는 건 인풋인 까닭이다.

특히 요즘은 인터넷상에 가짜 뉴스가 판을 치는 세상이어서 정보의 취사선택이 인생을 크게 좌우한다.

다만 여러 가지 미디어 중에서도 유튜브와 틱톡은 보지 않는 편이 좋다. 이유는 간단하다. **아무 생각도 없는 사람이 되기 때문이다.**

지금 당장 스마트폰에서 이 두 앱을 삭제해야 한다. 동영상을 볼 때는 아무 생각을 하지 않게 되며, 뇌는 즐거운 동영상을 매우 좋아한다. 그래서 점점 그 속에 빠져든다.

이는 뇌의 성질이므로 의지력으로 어떻게 해 볼 수 없다. 의식해서 피하는 수밖에 없다. 특히 어린이에게는 이 두 가지를 보여 주지 말아야 한다.

【플랜 16】하루 10분 생성형 AI를 접한다

나는 일하면서 AI를 접하는 기회가 많다. 특히 생성형 AI를 배울 수 있는 학교 프로듀스 관련 업무에서 나는 그 진화 속도에 놀라움을 감출 수가 없었다. 매일 진화하는 속도를 따라가기도 버겁다. 아니, 쫓아가지도 못하겠다.

지금 인터넷이 당연한 시대가 됐듯 틀림없이 AI가 당연시되는 시대가 찾아올 것이다.

그렇다면 평소에 익숙해져야 한다.

매일 10분 정도라도 좋으니 생성형 AI를 접하자.

설령 지금 인생이나 일에 필요하지 않더라도, 의식해서 매일 접하다 보면 몇 년 후에 그 차이가 드러나게 된다.

【플랜 17】 로드 무비를 본다

이동하지 않아도 이동 감각을 맛보는 방법을 소개하겠다. 로드 무비라는 장르의 영화를 많이 감상하는 것이다.

로드 무비란 주인공들이 여행하는 내용을 담은 영화다. 사람은 영화를 통해서도 현실감을 느낄 수 있는 생물이다. 즉, **가상 공간에서도 현실감을 느낄 수 있다는 뜻이다.**

누구에게나 액션 영화를 보면서 손에 땀을 쥐거나 사랑 이야기가 담긴 영화를 보고 눈물을 흘려 본 경험이 있지 않던가. 이건 영화관 의자에 앉아 있는 감각보다 영화 쪽에 더 현실감을 느끼기에 발생하는 현상이다.

따라서 나는 이동 체질을 만들기 위해서 로드 무비 감상을 권한다.

이런 말을 하면 '어떤 영화를 보면 되는데요?'라는 질문이 꼭 나오는데, 여기까지 이 책을 읽은 당신에게 내 추천작을 소개한다.

내가 추천하는 영화는 『모터싸이클 다이어리』 『델마와 루이스』 『이지 라이더』다.

『모터싸이클 다이어리』는 쿠바 혁명의 영웅 체 게바라의 젊은 시절을 그린 것으로, 혁명가로 눈을 뜨게 된 이유를 알 수 있는 내용이다.

『델마와 루이스』는 거장 리들리 스콧 감독의 작품이며, 중년 여성 두 사람이 주인공이라는 독특한 설정이다. 마지막 장면이 일품이다.

『이지 라이더』는 두 명의 히피가 오토바이를 타고 여행하는 내용인데 '자유'에 대해 생각하게 해 준다.

이것 말고도 '로드 무비'라고 검색하면 여러 영화가 나오니 꼭 감상하길 바란다.

【플랜 18】 하루에 한 권 책을 읽는다

영화 이야기를 했으니 이제 책 이야기를 해 보겠다. 영화와 마찬가지로 소설에서도 현실감을 느끼는 것이 가능하다. 독서량과 연 수입은 비례한다는 것만 봐도 풍요로운 인생을 누리기 위해서는 독서가 중요하다.

결국 '인생은 만남이 결정'하기 때문이다.

좋은 만남을 원한다면 교양 수준을 올려야 한다. 우리가 사는 세상에서는 나의 수준과 동등한 수준의 사람을 만나기 쉽지 않다.

사기에 잘 넘어가는 사람은 '정말 엄청난 사람을 만났다'라는 말을 한다. 당연히 그런 사람은 대단한 이를 만나지 못할 것이고, 진짜 대단한 인물 역시 그를 만나 주지 않을 것이다.

예를 들어 마케팅에 대해 모르는 사람은 눈앞에 마케팅 전문가가 있어도 알아차리지 못한다. 지식이 없으니 보이지 않는다.

만남은 나의 수준에 따라 정해진다. 그러려면 독서는 필수고, 하루에 한 권은 읽어야 한다.

【플랜 19】 서양 음악이나 가사 없는 음악을 듣는다

영화와 책까지 나왔으니 이제 음악에 대해서도 언급해 보고자 한다. 사실 이 세 가지 중에서 가장 빨리 환경을 바꿀 수 있는 것이야말로 음악이다.

'환경 → 감정 → 행동'의 순서로 행동이 달라지는데, 음악을 바꾸기만 해도 환경이 변화한다.

당신도 듣고 있는 음악에 따라 기분이 달라질 때가 있을 것이다. 나도 음악을 들으며 이 원고를 쓰고 있다. 기분전환을 하고 싶을 때는 음악도 바꾸곤 한다.

나는 대체로 책을 집필할 시간이 별로 없다. 그런 와중에 책을 쓸 시간을 만들어 내려고 일찍 일어나는데, 기분이 내키지 않을 때도 많다. 솔직히 매번 그렇다.

일찍 일어나서 카페라도 가면 괜찮지만, 그래도 좀처럼 원고가 손에 잡히지 않거나 나도 모르는 사이에 인터넷 검색이나 한다. 그럴 때 아예 스위치를 바꿔 주는 것이 음악이다.

나는 수많은 플레이 리스트를 직접 만든다. 예를 들어 '의욕이 생기지 않을 때 듣는 플레이 리스트' '원고를 빨리 쓰고 싶을 때 듣는 플레이 리스트' 같은 식이다. 만약 그런 플레이 리스트에 관심이 있다면, 애플 뮤직에서 '나가쿠라 겐타'를 팔로우해 보길 바란다.

  앞서 언급했지만 BGM으로 쓰는 음악은 영어로 된 곡이나 가사가 없는 게 좋다. 모국어일 경우 가사에 의식을 빼앗겨 정신이 산만해지기 때문이다.

【플랜 20】해외 정보를 인풋한다

앞에서도 말했지만, 해외 정보는 국내에서 비싸게 팔린다. 즉, 가치가 높아진다. 이렇게 언급하면 많은 사람이 '영어를 못해서'라며 포기하기 쉬운데, 오늘날은 이제 그런 시대가 아니다.

인터넷에는 당연할 만큼 통역 기능이 탑재되어 있다. 그래서 영어를 못해도 누구든 정보를 얻을 수 있다.

SNS 등을 통해 해외 미디어나 외국인을 철저하게 팔로우하길 바란다. 특히 해외 신문이나 잡지 등은 계정이 있으므로 적극적으로 팔로우하자. 예를 들어 경제라면 『월스트리트 저널』 같은 금융 및 비즈니스 관련이 좋다. 나는 음악을 좋아해서 『롤링 스톤』 등을 팔로우하고 있다.

【플랜 21】해외 투자를 시작해 본다

더 본격적으로 해외 정보를 얻고 싶다면 투자를 해 보는 것도 좋다.

내 돈이 걸려 있는 문제이니 더 진심으로 접근하게 된다. 나의 경우, 투자의 의미는 아니지만 미국에 부동산을 소유 중이다.

실제로 내가 투자를 해 보면 환율이나 경기가 궁금해지게 된다.

물론 미국과 일본의 차이는 있지만, 어느 정도 연동도 되므로 세계정세를 파악하는 데 좋은 시도가 될 수 있다.

지금이라면 가볍게 해외 주식이나 해외 투자 신탁에 투자할 수 있으니 그렇게 시작해 보는 것도 좋다. 자본주의 사회에서 사는 한 경제 정보에 민감해져야 한다.

【플랜 22】외화를 번다

잃어버린 30년[22]이라는 말이 있다. 일본이 세계에서 영락해 버린 기간이기도 하다. 고령화하는 인구 동태, 시대에 뒤처진 교육, 의미를 알 수 없는 정치를 봐도 일본은 부활할 것 같지가 않다.

나는 내 나라를 좋아하고, 살기도 편한 곳이라 생각한다. 다만 경제적인 면을 따지자면 일본의 미래는 비관적이기만 하다.

실제로 GDP는 한때 2위였지만 4위로 떨어졌고, 2024년 IMF의 최신 발표에 의하면 1인당 GDP는 37위까지 하락했다.

이런 상황에서 외화를 벌자는 관점은 매우 중요하다. 젊을 때 워킹 홀리데이를 떠나도 좋다. 다만 워킹 홀리데이는 해외 체험으로는 좋지만, 그 이후의 경력 형성에는 그리 도움이 되지 않는다. 내가 몇 번이나 강조하는 부분이다.

그렇다면 해외로의 투자, 해외 대학이나 대학원 유학을 생각해 보는 편이 낫다.

---

22) 1980년대 거품 경제가 붕괴된 이후 30년간 이어진 일본의 장기 불황

【플랜 23】 자녀를 데리고 해외 대학을 견학한다

나는 교육 콘텐츠 기획·제작 업무를 하기 때문에 세계 곳곳의 교육을 접할 기회가 있다. 그때마다 일본의 교육이 얼마나 시대착오적인지를 느낀다.

주입식 교육의 폐해는 이미 오래전부터 나오던 말이지만, 아직도 일본의 학생들이 놓인 환경은 개선되지 않고 있다.

따라서 **부모가 자녀를 위해 적극적으로 해외 교육을 도입해야 한다.**

그때 필요한 것이 바로 영어 실력이다. 그러려면 영어를 공부하기보다는 **영어를 공부하고 싶게끔 만드는 환경을 준비하는 수밖에 없다.**

나는 최대한 어릴 때부터 자녀를 해외로 데리고 나가길 권하고 싶다. 자녀를 데리고 해외 명문대 견학을 하면 아이에게 자발적으로 영어를 배우려는 의지가 생길 수 있다.

【플랜 24】 사회 공헌을 해 본다

이 책을 쓸 때, 노토반도 지진[23]이 발생했다. 내가 책을 기획하고 있던 이케다 지카오 씨가 재해 지원팀을 운영하고 있어서 나는 지원금을 기부했다.

나 또한 청년 커뮤니티를 운영하고 있기도 해서 자원봉사자를 모아 20명 이상을 이시카와현으로 보냈다. 내가 현지에 가 봤자 아무런 도움이 되지 않아서, 대신 그들의 교통비를 다 부담했다.

나는 평소 사람들에게 '뭐든 좋으니 사회 공헌을 하자'라고 말한다. 해 보면 제법 행복도가 올라가는 것이 느껴진다. 자기 긍정감도 상승한다.

역시 남에게 도움이 되는 것이 제일 행복도가 올라가는 법이다. 어떤 것이든 좋으니 남에게 도움이 되는 일을 하면 정신적으로도 안정된다.

---

23) 2024년 1월 1일 일본 혼슈섬 중부에 위치한 이시카와현 노토 지방 및 해역 일대에서 일어난 지진

【플랜 25】 나라에 기대지 않고 살아가려는 의식을 가진다

나는 기획자인 도도코로 잇세키 씨와 지방 활성화 팀 WillS라는 커뮤니티를 운영 중이다. 그 커뮤니티에서는 매달 한 번 멤버들과 지방으로 가서 지역 사람들을 만난다.

그런 중에 내가 느낀 것은 일본 전국 방방곡곡은 지원금으로 성립되어 있는 게 아닌가 하는 점이다. 모든 지원금이 나쁜 건 아니지만, 그로 인해 나라 재정은 점점 압박된다.

특히 의료비는 현역 세대가 버티기 힘든 수준까지 갔다. 물론 전 국민 보험 제도는 실로 뛰어난 부분도 있긴 하다. 그러나 의료비가 싸기에 쓸데없이 의료비 지출이 이루어진 결과, 현역 세대는 점점 가난해지기만 한다.

결국 이건 나라(세금)에 기대어 사는 것이 당연시되어 있기 때문이다. 나라가 다 돌봐 주는 게 당연한 것이 되어 있는 까닭이다. 정책 실수로 인해 일본은 점점 가난해지고 있다.

한 사람이라도 많은 국민이 나라에 기대지 않고 살아가려는 의식을 가져야만 한다.

실제로 연 수입 980만 엔 이하의 사람은 연금이나 교육 등 각종 서비스를 통해 받는 '혜택'이 본인이 내는 세금이라는 '부담'을 웃돈다.

따라서 1천만 엔을 벌지 못하면 나라에 기대어 살아가는 꼴이 된다. 돈을 안 버는 게 문제라는 뜻은 아니지만, 1천만 엔이라는 기준을 가지고 자립할 수 있게 살아가자.

그렇게 하지 않으면, 계속 이권 유도형 정치만 행해지고 일본의 미래는 점점 가난해지기만 할 것이다.

우리 아이들의 미래를 위해서라도 자립하자.

【플랜 26】 고민하지 않는다, 망설이지 않는다

이동력이란 환경을 적극적으로 바꾸는 힘이라고 볼 수 있다. 그렇게 생각해 보면 얼마나 '전환'이 빠른가가 중요해진다.

이때 중요한 것이 바로 '고민하지 않는다' '망설이지 않는다'다. 많은 이들이 고민하고 망설이느라 시간을 낭비한다. 아니, 인생을 낭비한다.

나는 25년도 넘는 예전에 미국의 애틀랜틱시티의 카지노를 드나들며 블랙잭이라는 카드 게임으로 생계를 꾸리던 시기가 있었다. 그때 배운 것이 '고민' '망설임'만큼 쓸데없는 게 없다는 점이었다.

블랙잭에서 할 일은 딱 정해져 있다. 나머지는 배팅 금액을 올리고 내리고에 따라 승패가 결정된다. 다만 그 배팅 금액의 조절마저도 어느 정도 타이밍이 정해져 있다.

그래서 고민하거나 망설이는 시점에서 이미 진 것과 마찬가지였다. 인생도 마찬가지다. 인생은 담담하고 끝까지 일을 해내는 사람이 마지막에 성공한다.

그렇게 보면 일일이 고민하고 망설여 봤자 아무런 소용이 없다. 적절한 환경으로 들어가면 할 일은 하나다. 더운 환경에 갔다면 할 일은 시원한 곳을 찾는 것뿐이다.

그러니 당신도 고민하지 말고 우선 결정부터 해라. 그래도 망설일 때가 있겠지만, 그럴 때는 어느 쪽을 골라도 괜찮다는 뜻이다. 주사위를 굴려 결정하는 게 딱 알맞다. '최선의 선택이 아니라 선택을 최선으로' 하는 것이 핵심이며, 무엇을 선택하는지는 별로 중요치 않으니 얼른 결정을 내리자.

【플랜 27】 반성하지 않는다

'고민'과 '망설임'도 그렇지만 '반성'도 시간 낭비, 그야말로 인생 낭비다.

이것도 블랙잭을 통해 배운 교훈으로, 반성할 틈은 없다는 뜻이다. 반성하는 사이에 다음 게임이 시작되기 때문이다.

인생은 더 잔혹해서, 본 게임만 계속 이어 가는 것과 마찬가지다.

리허설이 없는 것이 인생이기에 본 게임만 있을 수밖에 없다. 그러니 반성하는 시간은 아무런 의미가 없다.

그보다 반성은 상황이 제대로 흘러가지 않았을 때 하는 것으로, 일이 잘되지 않았다면 그 이유는 명확할 것이고 명확하지 않은 경우는 운이 나빴을 뿐이다.

적극적으로 마음을 바꾸고 할 일을 하자.

이것이 인생을 잘 살아가는 비결이다. 반성을 할 틈이 있다면 다음 일을 위해 머리를 싹 비우자.

【플랜 28】 빠른 결정과 빠른 실행

이동력을 기르려면 열심히 움직일 수 있는 체질이 되어야 한다. 그래서 나는 종종 '빠른 결정을 내리고 빠르게 실행하라'라고 말한다. 행동하지 못하는 사람은 너무 생각이 많다. 그리고 준비부터 해야 한다고 여긴다.

물론 준비는 중요하고, 준비는 해 두는 게 당연히 좋다. 그러나 준비에 시간을 너무 들이고 아무것도 못 하면 본말전도다.

인생은 적극적으로 움직여야 변한다. 압도적으로 변화한다. 이렇게 이 책을 읽었으니 자꾸만 이동하는 '가벼운 몸의 중요성'을 깨닫길 바란다.

그때 중요한 것이 바로 '빠른 결정과 빠른 실행'이다.

그런 마음가짐으로 적극적으로 움직이지 않으면 인생은 변하지 않는다. 그리고 꼭 기억해야 할 것은 아무리 준비해도 결국 궤도 수정은 일어날 수밖에 없다는 점이다.

무슨 일이든 그렇지만, 모든 일이 처음부터 내 뜻대로 될 거라는 생각은 안 하는 게 좋다.

어차피 내 마음대로 안 될 바에야 그냥 확 시작해 버리는 게 좋지 않을까?

【플랜 29】 타인의 시선을 신경 쓰지 않는다

움직이지 못하는 사람의 고민 중 가장 많은 것이 '남의 시선'이 신경 쓰인다는 점이다.

'남의 시선'을 신경 써 봤자 이득이 될 일은 없다. **애당초 남이 당신을 어떻게 생각하느냐는 알 수도 없고 제어할 수도 없다.** 제어할 수 없는 일에 마음을 빼앗기는 것만큼 쓸데없는 짓도 없다.

'남의 시선'이 신경 쓰이는 사람은 똑같이 남을 신경 쓴다. 남과 자신을 비교하고 실망한다.

특히 현대에는 SNS가 등장하며 남의 생활을 궁금해하는 사람이 많아졌다. 그러나 제어할 수 없는 남을 아무리 신경 써 봤자 아무 일도 일어나지 않는다. 오히려 나 자신만 점점 움직일 수 없게 될 뿐이다.

그러니 이제 남의 눈은 개의치 말고 살자. 완전히 무시해라. 남이 어떻게 생각하든, 남이 무엇을 하든 무시하자.

【플랜 30】 매일 같은 시간에 같은 일을 한다

마지막으로 꼭 하고 싶은 말이 있다. 지금까지 내가 쓴 글을 읽어 준 점에 감사한다. 다만 이런 책은 내용을 실천하지 않으면 아무런 의미가 없다.

아마 책을 읽은 직후에는 '좋았어! 열심히 이동해야지'라는 생각을 할 것이다.

그렇지만 최종적으로는 많은 사람이 꾸준하게 실천을 하지 못한다.

가장 중요한 건 담담하게 실천을 이어 나가는 힘이다. 담담하게 꾸준히 하는 힘을 익히는 가장 좋은 방법은 '매일 같은 시간에 같은 일을 하는 것'이다.

이것을 계속 이어 가는 것. 이것만 하면 담담히 해내는 체질로 바뀐다.

예를 들어 매일 아침 7시에 X에 글을 올려도 좋다. 나는 일본에 있을 때 아침 6시 반에 일어나 카페에 가서 일했다. 샌프란시스코에 있을 때는 새벽 3시에 일어나 테킬라를 넣은 커피를 마시며 원고를 썼다.

이런 말을 하면 '나가쿠라 씨는 절제력이 있으니까'라는 소리도 나올 것 같은데, 나는 사실 그런 유형의 인간이 아니다. 오히려 게으른 편이다.

그런데 '매일 같은 시간에 같은 일을 한다'를 습관화하니 결과를 내게 됐다. 지금 돌이켜보면 12년 전에 독립했던 당시에도 매일 아침 페이스북에 글을 올렸더니 어느새 일이 잘 풀리게 됐다.

이 이야기를 하면 '대체 뭘 하면 좋을지 모르겠어요'라고 하는 사람이 많겠지만, 사실은 어떤 일이든 다 좋다.

겉으로 보기에 성과가 나지 않는 것이라도 괜찮다. 왜냐하면 담담히 계속해 나가는 버릇을 들이는 게 목적이니까. 그래도 할 일이 생각나지 않는다면 매일 아침 7시에 X에 글이라도 올리자.

무슨 글을 올릴까 고민하다 보면 뇌는 포스팅하기 위한 재료를 찾게 된다. 그러면 지금과 다른 풍경이 보이게 되니 일석이조가 아닐 수 없다.

어떠한가? 지금까지 언급한 것을 당장 실천하길 바란다. 하나라도 좋으니 행동으로 옮기면 좋겠다. 그러면 인생이 달라진다.

제6장 총정리

— '누가'를 묻는 시대가 되며, 인간관계에 신용과 신뢰가 더 중요해졌다.

— 출퇴근 경로를 바꾸거나 가 본 적 없는 곳을 단기간에 다녀오며 사고가 정지되는 것을 막는다.

— 영화, 음악, 책, 시를 접하는 기회를 늘리고 업데이트해 나간다.

— 해외 정보를 수집하여 돈 버는 힘을 기른다.

— 시간 낭비를 배제하고, 빠른 결정과 빠른 실행을 한다.

— '같은 시간에 같은 일'을 담담히, 꾸준히 하는 사람은 강하다!

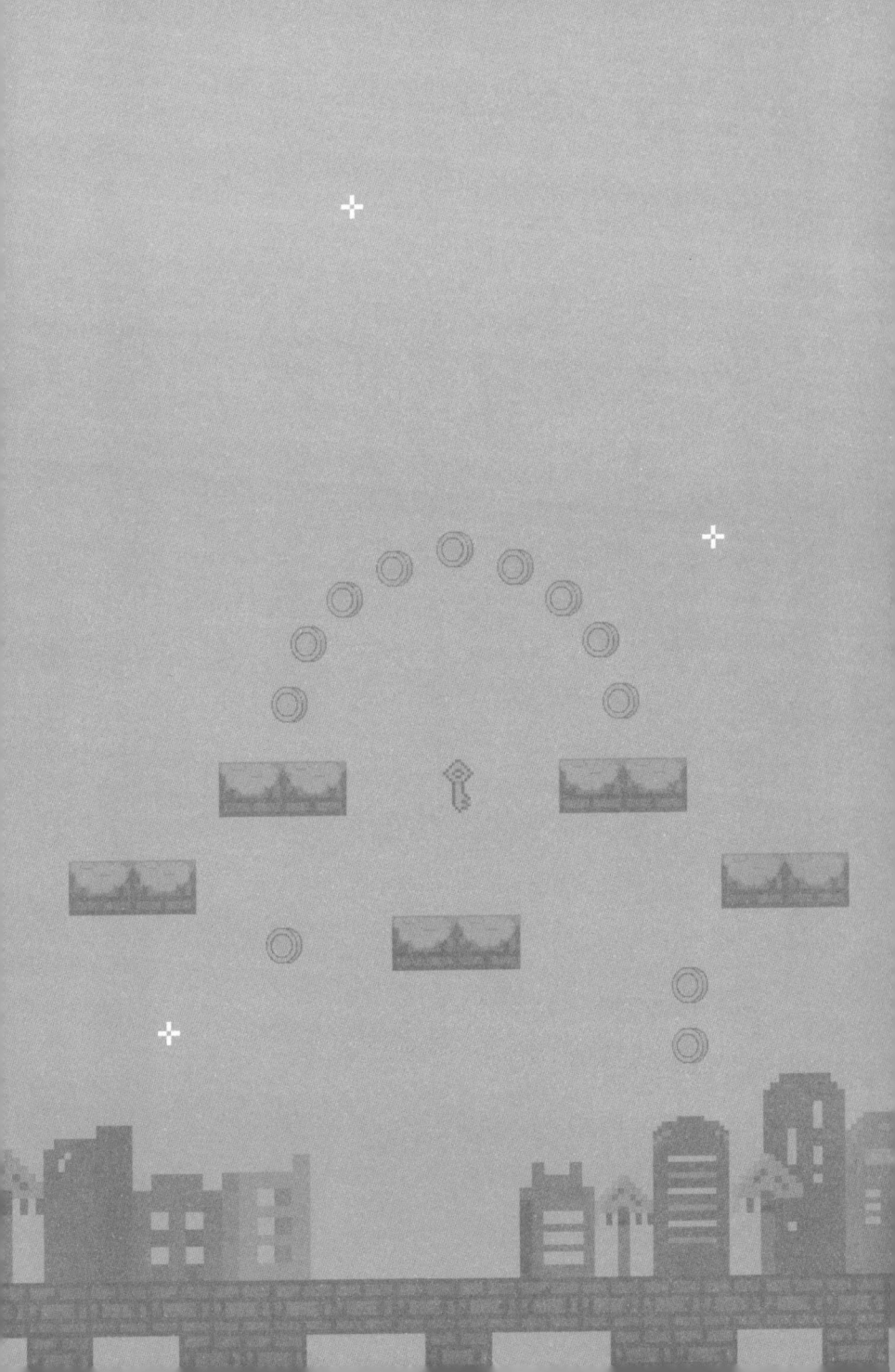

작가 후기

여기까지 읽어 주어 감사한 마음이다.

이 책은 내가 제일 좋아하는 작품이다.

그래서 이렇게 당신과 생각을 공유할 수 있어서 진심으로 기쁘다.

본문에서도 언급했지만, 일본은 경제적으로 점점 가난해질 것이다.

하지만 그렇다고 해서 반드시 불행해지는 것은 아니다. 만약 불행하다고 느끼는 순간이 있다면, 어려움을 마주할 때뿐일 것이다.

그러니 적극적으로 이동하길 바란다. 무작정 여행을 떠나라는 말을 하는 게 아니다.

'뭐든 좋으니 이동하라'라는 뜻으로 하는 말이다. 적극적으로 이동하고, 적극적으로 행동하면 목적지가 명확해진다.

많은 사람이 나에게 '무엇을 하면 좋을지 모르겠다' '목적을 모르겠다'라는 고민을 털어놓는다. 그런 사람들은 고민은 하지만 행동은 하지 않는다.

행동하고 나서야 비로소 산 정상이 보이는 법이다.

우선 이동부터 해라. 이동하면 의욕이 생겨 행동하게 된다. 그 결과 '하고 싶은 일'이 뭔지 보이게 된다.
되돌아보면 나 또한 눈앞의 일만 필사적으로 해냈을 뿐이다. 그러다 보니 어느새 즐거운 인생을 걷고 있었다.

나는 많은 이들과 함께 이동하는 이벤트를 자주 주최하고 있다. 그러니 꼭 내 SNS(X나 인스타그램)를 팔로우하길 바란다. 정보를 얻을 수 있을 것이다.
언젠가 함께 어딘가로 가 보자!
이 책을 출판하면서 스바루샤의 우에즈 편집자님께 큰 신세를 졌다. 이런 기회를 얻게 된 것에 감사 인사를 드린다. 또한 출판사 시절에 부하 직원이기도 했던 모리시타 히로시 씨께도 도움을 받았다. 옛 부하 직원과 함께 책을 만들 수 있어 기뻤다.

2024년 3월 나가쿠라 겐타

나는 회사만 다니다 인생 종쳤다

펴 낸 날	2025년 10월 24일 초판 1쇄
지 은 이	나가쿠라 겐타
옮 긴 이	김진아
펴 낸 이	이태권
편　　집	정지원, 박정호
디 자 인	김혜수
펴 낸 곳	소담출판사

서울특별시 성북구 성북로5길 12 소담빌딩 301호 (우)02880
전화 | 02-745-8566　　팩스 | 02-747-3238
등록번호 | 1979년 11월 14일 제2-42호
e-mail | sodambooks@naver.com
홈페이지 | www.dreamsodam.co.kr

ISBN 979-11-6027-498-1 (03190)

- 책값은 뒤표지에 있습니다.
- 잘못된 책은 구입하신 곳에서 교환해드립니다.